コロロメソッドで学ぶ

# とけいがよめる
# ワークシート

スモールステップで じこくをマスター

コロロ発達療育センター〔編〕

合同出版

# もくじ

# コロロメソッドで「時刻」をマスターしよう！

このワークシートは、概念学習の一つである「時計」の読み方を学ぶために作られたものです。コロロ発達療育センターが自閉症スペクトラムや発達障害のある子どもの言語概念獲得のために考案した、コロロメソッドの概念学習プログラム（新発語プログラム）に基づいて作成されています。

「時計」の学習は、「時間の概念」を理解するための第一歩です。時計を読むことによって自分の行動の見通しが立てられるようになると、状況の変化に対応しやすくなります。また、過去や未来の出来事に対して言語で思考することにつながっていきます。

## 「時刻」と「時間」

「時計」の学習には、大きく分けて「時刻」と「時間」の2つの単元があります。

> 「時刻」＝今、何時何分かがわかる
> 「時間」＝何分後、何分前、何分間などがわかる

このワークシートは、「時刻」の学習のテキストです。「時間」の概念を理解する前に「時刻」の読み方を徹底してマスターしましょう。「時刻」の読み方を完全にマスターした後、半年くらいたってから「時間」の学習に取りかかるとよいでしょう（時刻と時間を続けて学習することで混乱し、時刻まで読めなくなることがあるので注意してください）。

## 対象となる子ども

言葉が話せて、文字の読み書きができる子どもが対象です。
この課題に取りかかるための前提条件として、以下のことに配慮してください。

> ● 「大きい」「小さい」などの簡単な形容詞が理解でき、「長い針」「短い針」といった言葉が言える
> ● 1〜100までの読み書きができ、順列の法則を理解している
> ● 数字を5とびで数える（5−10−15−20…）ことができているとなおよい
> ● ➡ （矢印）の意味がわかっている

これらのことがまだ達成できていない場合は、ステップ①②の形容詞、順列、数列の学習に取り組んでから、時計の課題に進んでください。

# 時刻の学習目標と指導ポイント

## 時刻の学習目標

① 長針の5とびの数え方を覚え、文字盤の数字の外側へ書き込む

② 何時ちょうどの短針を読み取る

③ 長針を5分刻みで読み取る

④ わかりやすい位置にある短針の読み方を覚え、短針⇒長針の順に読む

⑤ 長針の1分刻みの読み方を覚える

⑥ 短針の位置がどこであっても、長針と合わせて正確に読み取る

⑦ さまざまな時計で、時刻を読み取る

## 上記の①～⑦の目標がうまくいかないときには

①③ 5とびの数え方が覚えられない

➡5とびの数の暗記が難しい場合は、何時ちょうどと、何時30分の区別だけをできるようにします。

| 7時 | 7時30分 |

➡5とびの数を文字盤の外に書き込んだ時計を見せ、長針の場合は外側の数字を読むことを理解させるなど、まずは簡易な（ヒントのある）時計で読めるようにします。

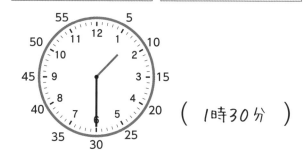

（ 1時30分 ）

② 何時ちょうどの読みができない場合
　➡「カードのマッチング」で練習します。
122ページの「れんしゅう用シート」を使って、時計カードと、それに対応する時刻カードを用意します。

■時計カード

■時刻カード

| 3 時 | 6 時 | 9 時 |

時計カードを並べておき、時刻カードを1枚ずつ子どもに手渡して正しいところに置かせていきます。はじめは、針の位置の違いがわかりやすい、「3時」「6時」「9時」などに限定して取り組みます。

④ 短針と長針の読み分けができない
　➡右のイラストのように、長針と短針の違いを視覚的にはっきりさせることで、太いほうから読む、赤いほうから読むなどパターーニングします。ただし、なるべく早い段階で普通の針に戻して、ステップアップしていきます。

⑤ 1分刻みの長針が読めない

　➡時計ではなく、直線上の目盛りの読み取りを練習するステップをはさみましょう。子どもによっては、1分刻みに取り組むことで、せっかくできていた5とびの数え方ができなくなることがあります。その場合は、長針は5分刻みまでとし、いったん時計の学習を終了しましょう。半年後くらいあけ1分刻みの数え方に取り組んでみて下さい。

## ⑥ 短針が読めない

➡このワークシートでは、短針を読む練習用に、下の時計のイラストのような文字盤の外側に数字を書き込んだ時計を使用しています（72〜75ページ）。

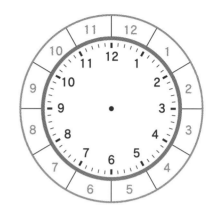

➡これ以外の方法として、短針が2つの数字の間にある場合、小さい数に〇をつけるなどの教え方もあります。

➡針と数字の位置関係で覚えてしまうことがあります。針の上にある数字を読めばよいと思いこむと、5時まではよくても6時以降は1時間ずれてしまいます。たとえば、短針が7と8の間にある場合、8時と勘違いします。上下の位置関係ではなく、針の進む方向に注目できるかどうかがポイントです。子どもの理解しやすい方法を探しましょう。

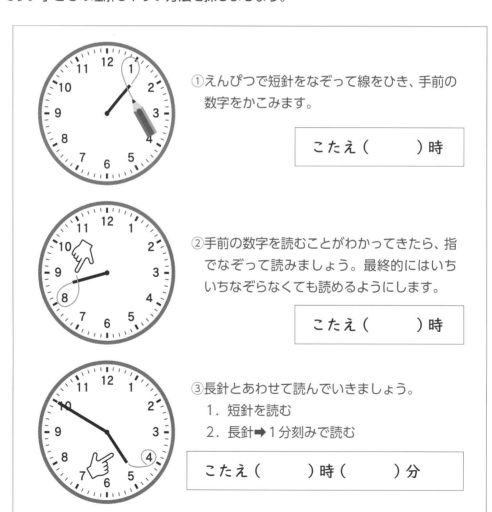

①えんぴつで短針をなぞって線をひき、手前の数字をかこみます。

こたえ（　　　　）時

②手前の数字を読むことがわかってきたら、指でなぞって読みましょう。最終的にはいちいちなぞらなくても読めるようにします。

こたえ（　　　　）時

③長針とあわせて読んでいきましょう。
1. 短針を読む
2. 長針➡1分刻みで読む

こたえ（　　　　）時（　　　　）分

⑦ 実物の時計だと読めない

➡なるべく余計な刺激のない、シンプルな時計を使います。

➡時計にはさまざまな表示のものがありますが、はじめは1分刻みのめもりがはっきりしている時計を使いましょう。

➡ひとつの時計で読めるようになってから、目覚まし時計や腕時計、デジタル時計など、いろいろな時計の読みへと進めていきましょう。

➡机上で学習をはじめ、読めるようになったら、

・顔を上げた目線の高さの壁に

・柱の上の方に

と徐々に距離を取っても読めるようにしていきます。

## 指導上の留意点

●わからないときは教え方を工夫しましょう。わからないまま同じやり方をくり返すと、集中力が落ちたり、学習意欲を失うことがありますので気をつけましょう。

●なかなか理解できるようにならない場合は、課題が難しすぎないか、教材や教え方に問題はないかなどの原因を探り、取り組み方を見直しながら学習を進めましょう。

●子どもの現在の能力に応じて、達成基準を明確にして取り組みましょう。子どもによっては、長針の1分刻みの読みは取り組まず、5分刻みまでで終了する場合もあります。また、8時55分など、短針が微妙な位置にある（9に近い）と、読み取れない子どももいます。その場合、短針をわかりやすい位置に書き換えるというように、達成基準を下げることも必要です。

●最長でも3カ月くらいでこのワークシートを終了できるようにしましょう。

# 5とびの数

| | |
|---|---|
| ねらい | 時計の長針を5とびの数（5、10、15のように）で読み取るための練習です。長針の読み取りに必要な5～60を5とびの数で書けるようにしていきます。丸暗記でよいので、しっかり覚えましょう。 |

## ●10～12ページのポイント

はじめは5とびの数列表を見ながら、同じように5～60の5とびの数字を書けるようにしていきます。くり返し書いて覚えてきたら、手本を見なくても書けるように、下のような枠線だけの紙を用意して、手本なしで5～60まで書かせましょう。

| 5 | 10 | 15 | 20 | 25 | 30 | 35 | 40 | 45 | 50 | 55 | 60 |
|---|---|---|---|---|---|---|---|---|---|---|---|

| | | | | | | | | | | | |
|---|---|---|---|---|---|---|---|---|---|---|---|
| | | | | | | | | | | | |

## ●13～15ページのポイント

5～60をすべて書かずに、あなうめ式でも答えられるようにしていきます。数字が入っているところを参考にして、空欄の□だけに数字を書かせます。数字を指さして読み上げながら進めていくと、つぎにどの数字がくるかわかりやすいでしょう。難しいときは、数字を指でなぞらせてもよいでしょう。徐々にそれをしなくても解答できるようにしていきます。

5 － □ － 15 － □ － 25 － 30 － □ － 40 －

□ － 50 － □ － 60

## ●16・17ページのポイント

　時計のまわりに5とびの数を書きこむ練習です。ここまでは直線的に数列を書いてきましたので、そのパターンを崩していきます。まずは、5〜55分の5とびの数をすべて書かせましょう。最初は手本を見ながらでもよいですが、わかってきたら手本を見ないで数字が書けるようにしていきましょう。

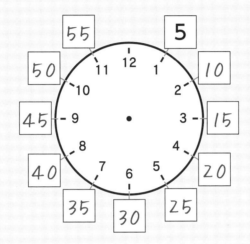

## ●18・19ページのポイント

　5〜55分まで書きこめるようになったら、例えば45分までなど、途中の数まででも正しく答えられるようにしていきます。「55分まで」書くパターンができてくると、「最後は55分で終わる」と思いこんでしまうことがあるので、パターン崩しの練習が必要になります。

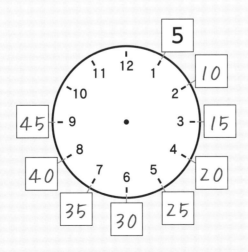

# 数列

手本を見て、5とびの数を書きましょう。

| 5 | 10 | 15 | 20 | 25 | 30 | 35 | 40 | 45 | 50 | 55 | 60 |
|---|----|----|----|----|----|----|----|----|----|----|----|

| 5 | 10 | | | | | | | | | | |
|---|----|--|--|--|--|--|--|--|--|--|--|

| 5 | | | | | | | | | | | |
|---|--|--|--|--|--|--|--|--|--|--|--|

| | | | | | | | | | | | |
|--|--|--|--|--|--|--|--|--|--|--|--|

| | | | | | | | | | | | |
|--|--|--|--|--|--|--|--|--|--|--|--|

| | | | | | | | | | | | |
|--|--|--|--|--|--|--|--|--|--|--|--|

# 数列

手本を見て、5とびの数を書きましょう。

| 5 | 10 | 15 | 20 | 25 | 30 |
|---|----|----|----|----|----|
| 35 | 40 | 45 | 50 | 55 | 60 |

|  |  |  |  |  |  |
|--|--|--|--|--|--|
|  |  |  |  |  |  |

|  |  |  |  |  |  |
|--|--|--|--|--|--|
|  |  |  |  |  |  |

|  |  |  |  |  |  |
|--|--|--|--|--|--|
|  |  |  |  |  |  |

# 数列

手本を見て、□にあてはまる数を書きましょう。

5 – 10 – 15 – 20 – 25 – 30 – 35 – 40 –
45 – 50 – 55 – 60

5 – □ – □ – □ – □ – □ – □ – □ –
□ – □ – □ – □

5 – □ – □ – □ – □ – □ – □ – □ –
□ – □ – □ – □

5 – □ – □ – □ – □ – □ – □ – □ –
□ – □ – □ – □

# 数 列 (あなうめ)

□にあてはまる数を書きましょう。

5 － □ － 15 － □ － 25 － 30 － □ － 40 －
□ － 50 － □ － 60

5 － 10 － □ － 20 － □ － 30 － 35 － □ －
45 － □ － 55 － □

5 － 10 － □ － □ － 25 － □ － □ － 40 －
□ － □ － 55 － 60

5 － □ － 15 － 20 － 25 － □ － 35 － □ －
□ － 50 － □ － □

# 数 列（あなうめ）

□にあてはまる数を書きましょう。

5 － 10 － □ － 20 － 25 － □ － 35 － 40 －
45 － 50 － 55 － □

5 － 10 － 15 － □ － 25 － 30 － 35 － □ －
45 － □

5 － 10 － □ － 20 － 25 － 30 － 35 － □

5 － 10 － 15 － 20 － □ － 30 － 35 － 40 －
□

5 － □ － 15 － □ － 25 － 30 － 35 － □

# 数 列（あなうめ）

□にあてはまる数を書きましょう。

5 － □ － □ － □ － □ － 30 － □ － □ －
45 － □

5 － □ － 15 － □ － □ － □ － 35 － □

□ － 10 － □ － 20 － 25 － □

□ － 10 － □ － □ － 25 － 30 － 35 － □ －
□ － 50 － □

5 － □ － □ － 20 － □ － □ － 35 － □ －
45 － □ － 55 － □

# 時計のめもり

□ にあてはまる数を書きましょう。

例

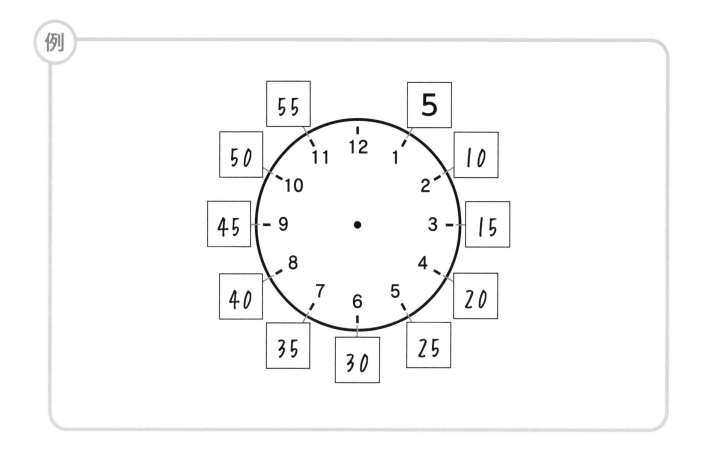

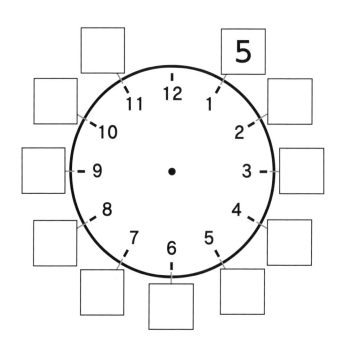

# 時計のめもり

□にあてはまる数を書きましょう。

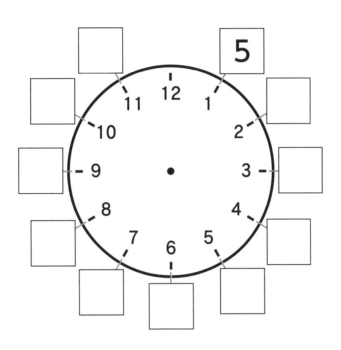

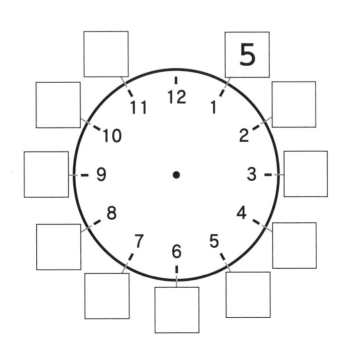

# 時計のめもり

□にあてはまる数を書きましょう。

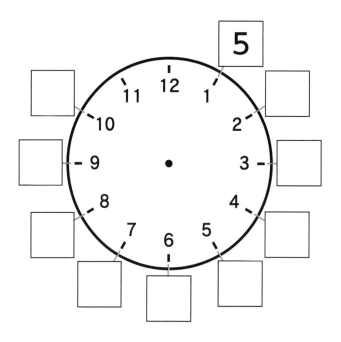

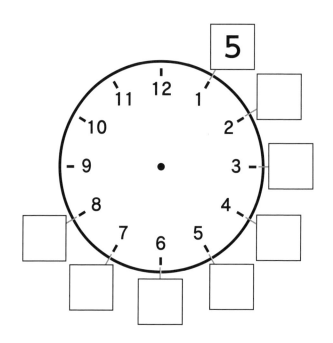

# 時計のめもり

□にあてはまる数を書きましょう。

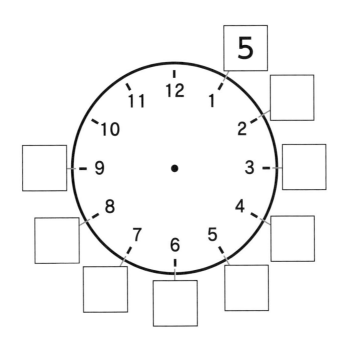

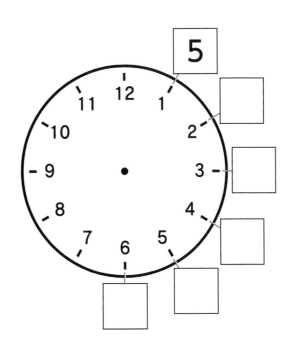

# 長い・短い

ねらい

時計を正しく読み取るためには、長針と短針を区別できなくてはなりません。その違いは「長さ」ですから、長さの判断ができることが求められます。ここでは時計の読み方に向けてのステップなので、シンプルなイラストで練習します。

## ●21〜26ページのポイント

2つのイラストを比べて「長い」「短い」を答えます。問題が連続していて、1問ずつに集中しづらいときは、下敷きや紙などで次の問題が見えないように隠してあげると、解きやすくなります。

―――――――― （　　ながい　　）

――――― （　　みじかい　　）

## ●27・28ページのポイント

時計の針に似たイラストで、長さを比べます。これまでの問題よりも、2つの長さを見比べても、違いに気づきにくいことがあります。その場合は、このページよりも極端に長さの違いがある針を描き、比較させるとわかりやすくなります。違う長さの見分け方に慣れてきたら、問題に戻ります。

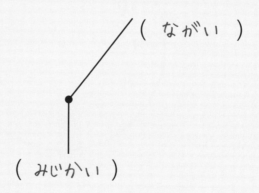

（　ながい　）

（　みじかい　）

# 長さくらべ

（　　）に長い・短いを書きましょう。

例

―――――――――――――　（　　　長い　　　）

―――――――――　（　　　短い　　　）

―――――――――――――　（　　　　　　　）

――――　（　　　　　　　）

―――――――――――　（　　　　　　　）

――――――――――――――　（　　　　　　　）

―――――――――――――　（　　　　　　　）

―――――――――――――　（　　　　　　　）

（　　）に長<ruby>なが<rt>なが</rt></ruby>い・短<ruby>みじか<rt>みじか</rt></ruby>いを書<ruby>か<rt>か</rt></ruby>きましょう。

（　　　　　　　　）

（　　　　　　　　）

（　　　　　　　　）

（　　　　　　　　）

（　　　　　　　　）

（　　　　　　　　）

（　　　　　　　　）

（　　　　　　　　）

# 長さくらべ

( ）に長い・短いを書きましょう。

( 　　　 )（ 　　　 ) （ 　　　 )（ 　　　 )

( 　　　 )（ 　　　 ) （ 　　　 )（ 　　　 )

( 　　　 )（ 　　　 ) （ 　　　 )（ 　　　 )

# 長さくらべ

（　　）に長い・短いを書きましょう。

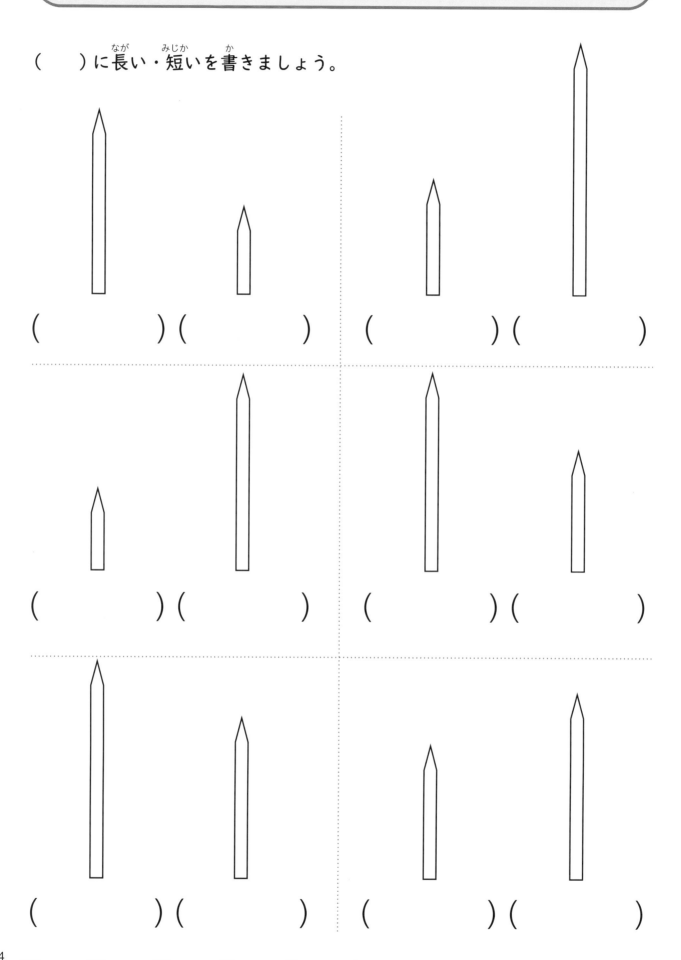

（　　　　）（　　　　　）　（　　　　　）（　　　　　）

（　　　　）（　　　　　）　（　　　　　）（　　　　　）

（　　　　）（　　　　　）　（　　　　　）（　　　　　）

# 長さくらべ

長いほうに○をつけましょう。

（　　　　　）

（　　　　　）

（　　　　　）

（　　　　　）

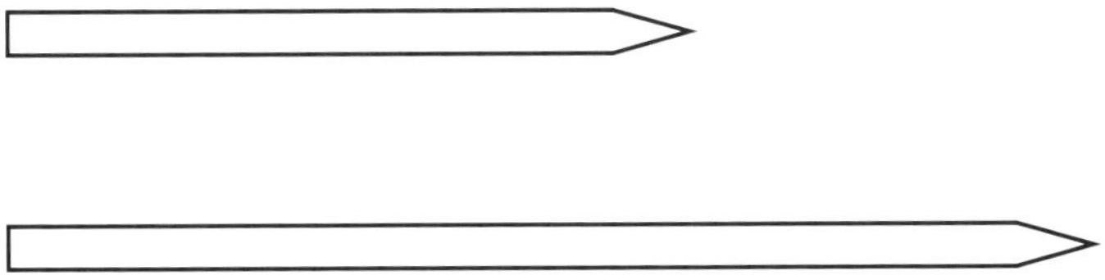

（　　　　　）

（　　　　　）

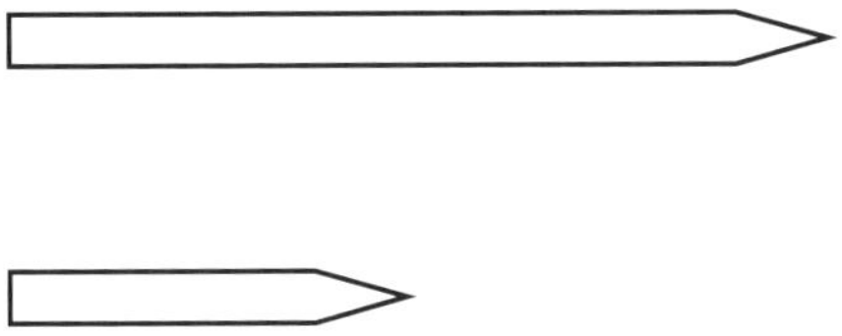

（　　　　　）

（　　　　　）

# 長さくらべ

短いほうに△をつけましょう。

(   )

(   )

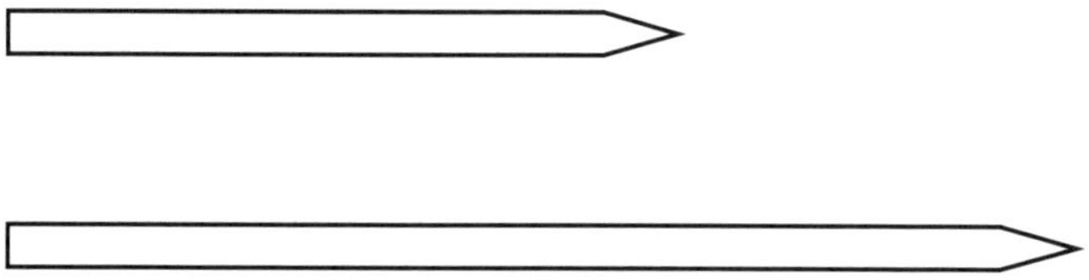

-------

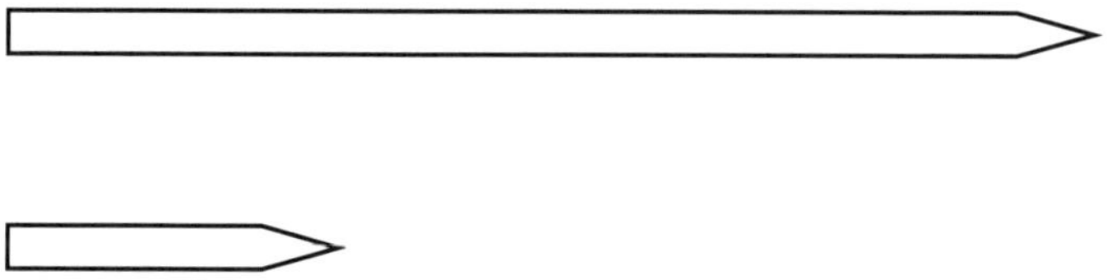

(   )

(   )

-------

(   )

(   )

-------

(   )

(   )

# 長さくらべ（時計の針）

（　）に長い・短いを書きましょう。

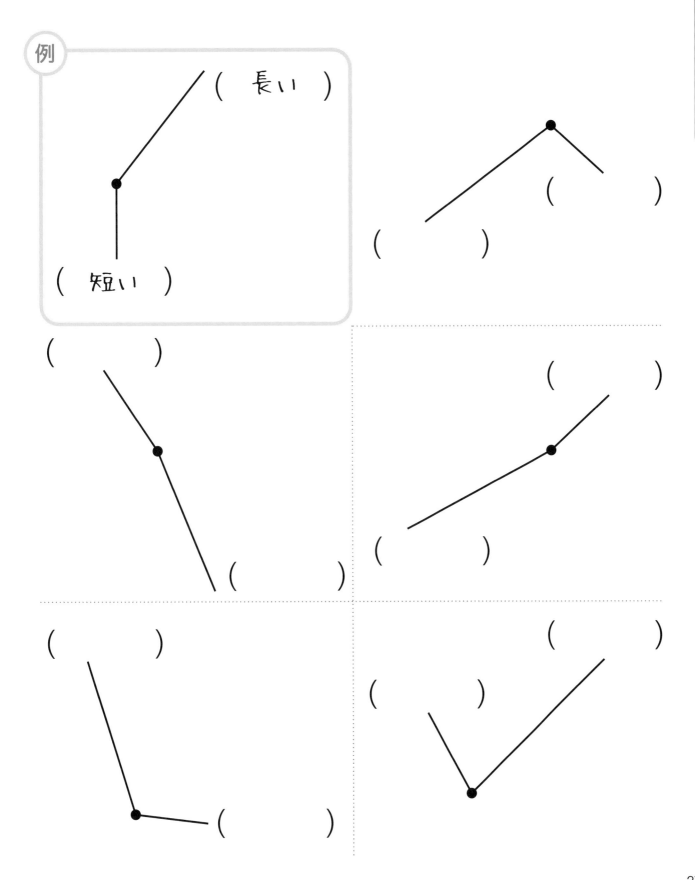

例

（　長い　）

（　短い　）

（　　　）
（　　　）

（　　　）
（　　　）

（　　　）
（　　　）

（　　　）
（　　　）

# 長さくらべ（時計の針）

短いほうに○をつけましょう。

例

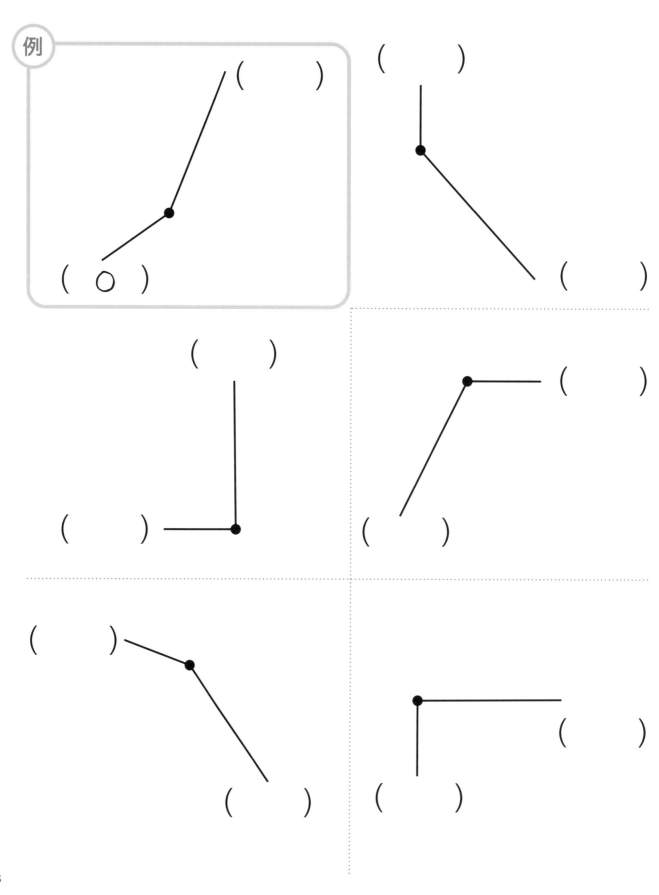

# 何時ちょうど

**ねらい** 短いほうの針を読み取り、「何時（ちょうど）」を答えられるようにしていきます。ここでは、長針と短針が重なってしまう「12時」は省略しています。1時から11時までをスムーズに答えられるようになったら、12時を教えていくようにしましょう。

## ●30～33ページのポイント

　短いほうの針を選んで、その数字を読み取ります。難しい場合は、下のように短針に〇をつけてから解答するなど、ステップを細かくして答えさせるとわかりやすいでしょう。

（　　　１時　　　）

# 短針の読み取り

何時ですか。（短い針を読みましょう）

例

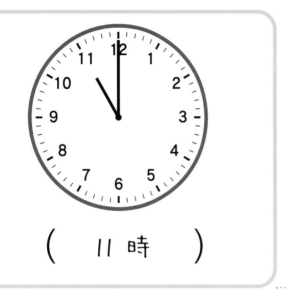

( 11 時 )

( )

( )

( )

( )

( )

# 短針の読み取り

何時ですか。（短い針を読みましょう）

( 　　　　　 )

( 　　　　　 )

( 　　　　　 )

( 　　　　　 )

( 　　　　　 )

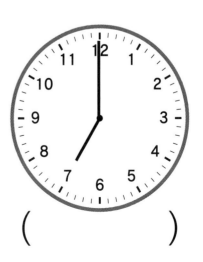

( 　　　　　 )

# 短針の読み取り

何時ですか。（短い針を読みましょう）

（　　　　　）

（　　　　　）

（　　　　　）

（　　　　　）

（　　　　　）

（　　　　　）

# 短針の読み取り

何時ですか。（短い針を読みましょう）

(　　　　　　)

(　　　　　　)

(　　　　　　)

(　　　　　　)

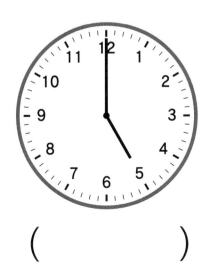

(　　　　　　)

(　　　　　　)

# 何分 —— 5分ごと

> **ねらい** ステップ❶で取り組んだ「5とびの数」を使って、長針が指している時刻（分）を答えさせます。

## ●35〜38ページのポイント

まずは5分、10分と順番に数えていき、（　）に数字を入れていく練習をします。

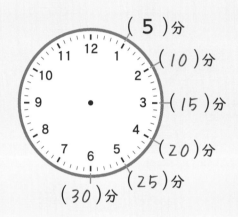

## ●39〜46ページのポイント

指定された1カ所のみに書きこむ練習をしていきます。「5分」のところから「5、10、…」と、（　）のところまで指や鉛筆の先でつつきながら数えていくようにすると答えやすいでしょう。5から順に数えなくても答えられるようであれば、この方法は必要ありません。41〜46ページは針が指しているところを読み取り、「分」まで書かせるようにしましょう。45・46ページは（　）の位置が針の近くではなく、あえて時計の下に配置しています。針と（　）が離れていても、正しく答えられるようにしましょう。

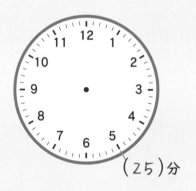

## ●47〜50ページのポイント

長針と短針の両方があっても、長針を選んで「何分」かを読み取る練習をしましょう。

# 長針のめもり（5〜30分）

何分ですか。

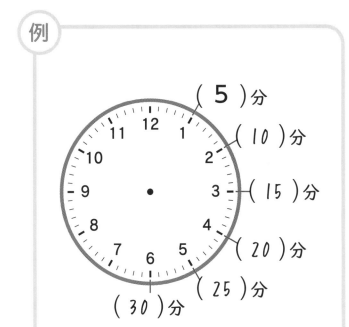

例

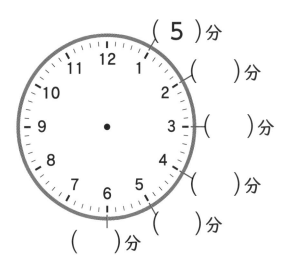

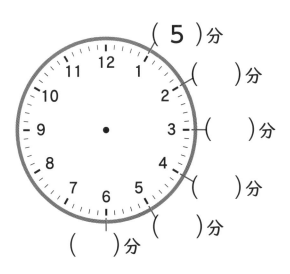

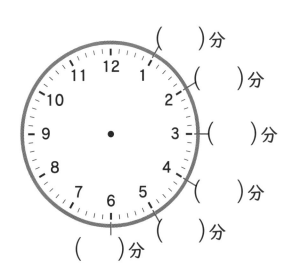

# 長針のめもり（5〜30分）

何分ですか。

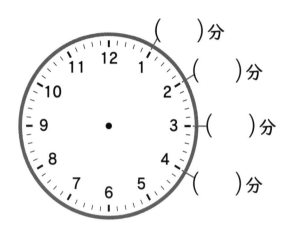

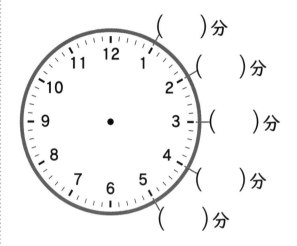

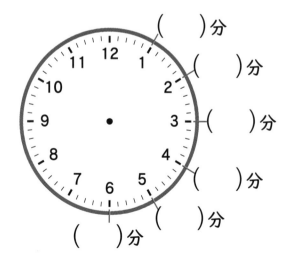

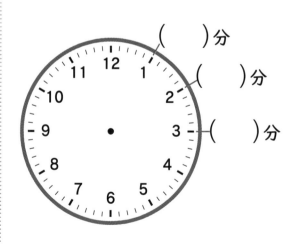

# 長針のめもり（5〜55分）

何分ですか。

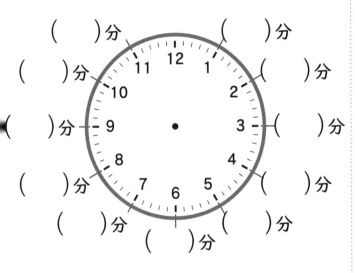

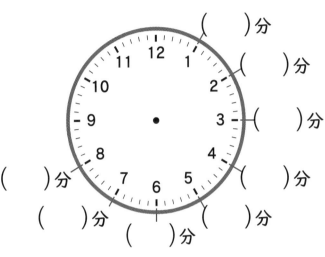

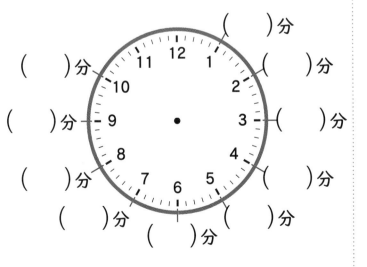

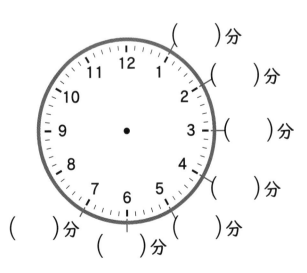

何分ですか。

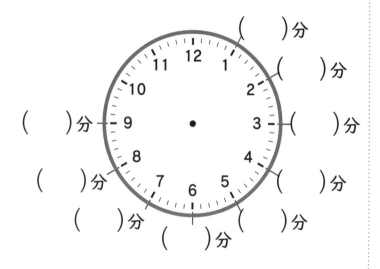

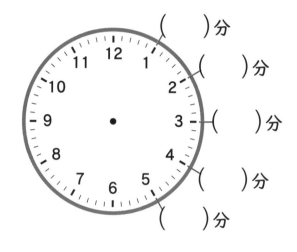

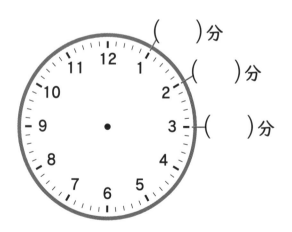

# 長針のめもり（5〜30分）

何分ですか。

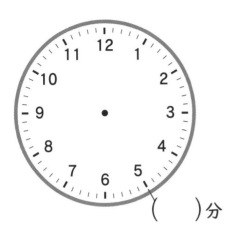

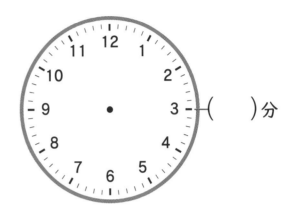

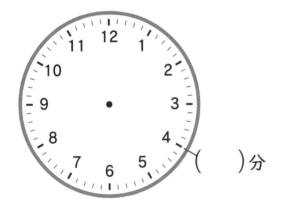

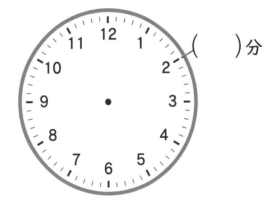

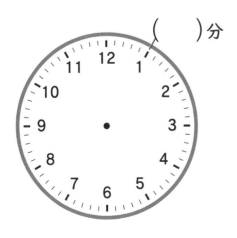

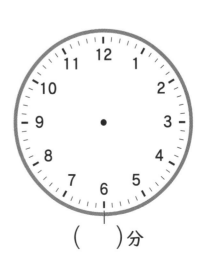

何分ですか。

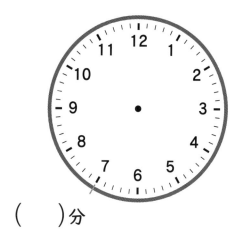

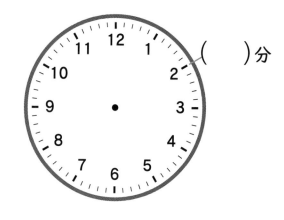

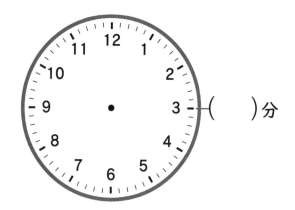

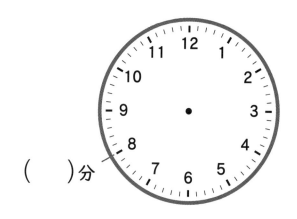

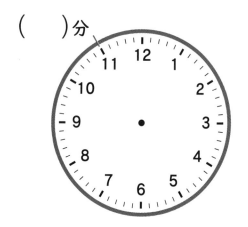

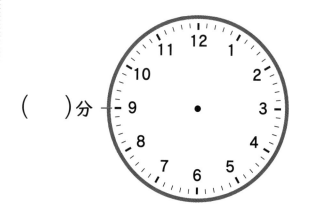

何分ですか。

例

（ 5分 ）

（　　）

（　　）

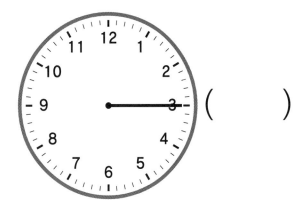

（　　）

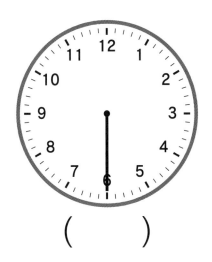

（　　）

（　　）

何分ですか。

 （　　）

 （　　）

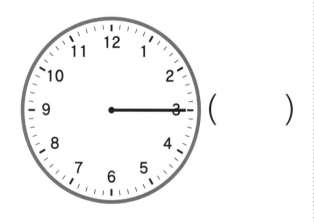 （　　）

 （　　）

 （　　）

（　　）

# 長針の読み取り（5〜55分）

何分ですか。

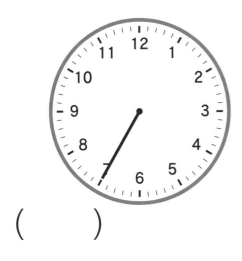

( 　　　 )

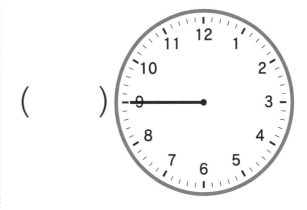

( 　　　 )

( 　　　 )

( 　　　 )

( 　　　 )

( 　　　 )

何分ですか。

( )

( )

( )
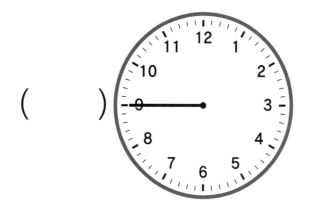

( )

( )

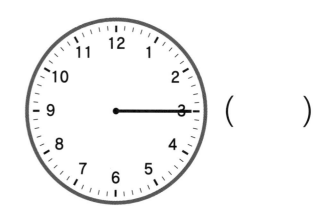
( )

# 長針の読み取り（5〜55分）

何分ですか。

(　　　　　)

(　　　　　)

(　　　　　)

(　　　　　)

(　　　　　)

(　　　　　)

何分ですか。

( 　　　　　 )

( 　　　　　 )

( 　　　　　 )

( 　　　　　 )

( 　　　　　 )

( 　　　　　 )

## 長針の読み取り（5〜30分）

何分ですか。長い針を読みましょう。

例
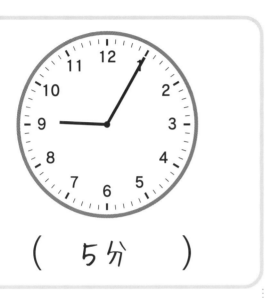

( 　5分　 )

( 　　　 )

( 　　　 )

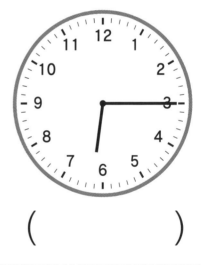

( 　　　 )

( 　　　 )

( 　　　 )

# 長針の読み取り（5〜30分）

何分ですか。長い針を読みましょう。

(　　　　　　)

(　　　　　　)

(　　　　　　)

(　　　　　　)

(　　　　　　)

(　　　　　　)

# 長針の読み取り（5〜55分）

何分ですか。長い針を読みましょう。

( 　　　　　 )

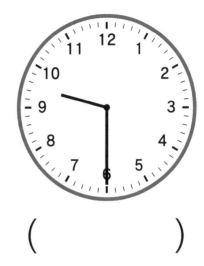

( 　　　　　 )

( 　　　　　 )

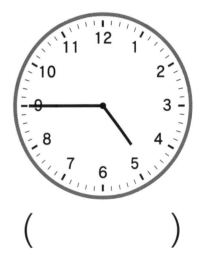

( 　　　　　 )

( 　　　　　 )

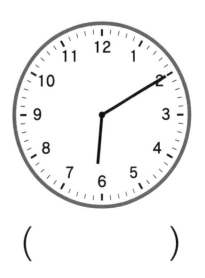

( 　　　　　 )

# 長針の読み取り（5〜55分）

何分ですか。長い針を読みましょう。

(　　　　　　　)

(　　　　　　　)

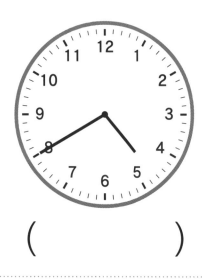

(　　　　　　　)

(　　　　　　　)

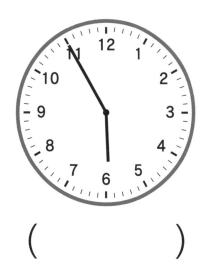

(　　　　　　　)

(　　　　　　　)

# 何時何分 ── 5分ごと

> **ねらい**　ステップ❹までで練習してきたことを合わせて「何時何分」を答えられるようにしていきます。ここでは、「何時」を答えやすくするために、実際の時計とは異なり、短針の位置が数字ちょうどのところになっています。

### ●52〜57ページのポイント

　①短針を読む→②長針を読む、という流れを定着させていきます。最初に短針を読むように練習しましょう。ステップ❹で長針の読みを練習したので、長針から先に読んでしまうかもしれません。その場合は、ステップ❸の30〜33ページを復習してからこの課題に進みます。

### ①短針を読む

短針を選び、その数字を読ませます。読ませたら、すぐに「何時」だけを先に書き込ませましょう。

（ 8 時　　分 ）

### ②長針を読む

次に、長針を5とびで読ませます（41〜46ページ参照）。短針を読み取ったあとのため、時計の数字をそのまま読んでしまう可能性がありますので注意しましょう。長針を読むときに時計のまわりに、「5、10、…」と数字を書かせてもよいでしょう。

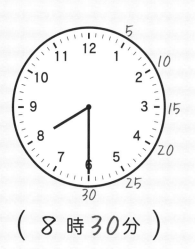

（ 8 時 30 分 ）

# 短針と長針の読み取り（5〜55分）

なん じ みじか はり なんふん なが はり
何時（短い針）何分（長い針）ですか。

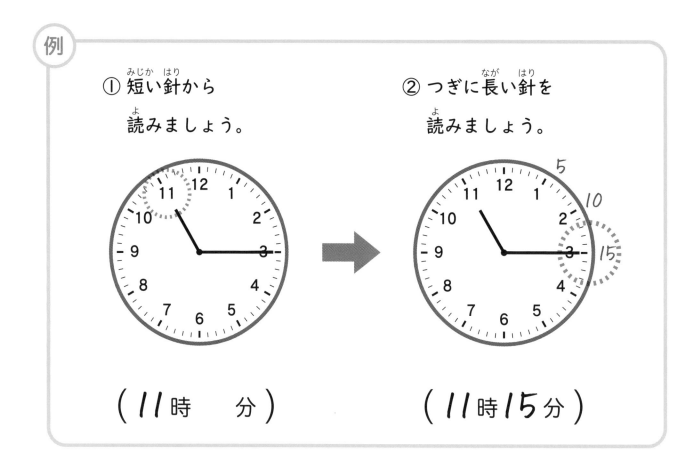

① 短い針から
読みましょう。

② つぎに長い針を
読みましょう。

（ 11 時　　分 ）　　　（ 11 時 15 分 ）

（　　時　　分 ）

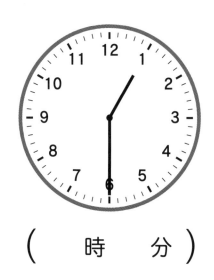

（　　時　　分 ）

# 短針と長針の読み取り（5〜55分）

何時（短い針）何分（長い針）ですか。

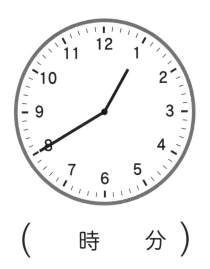

( 　時　　　分 )

( 　時　　　分 )

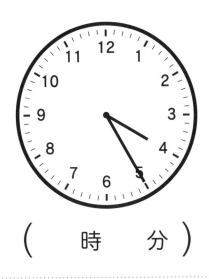

( 　時　　　分 )

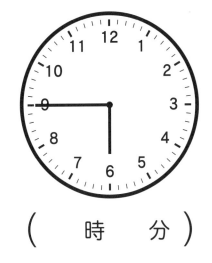

( 　時　　　分 )

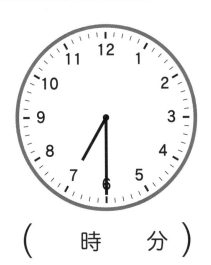

( 　時　　　分 )

( 　時　　　分 )

# 短針と長針の読み取り（5〜55分）

何時（短い針）何分（長い針）ですか。

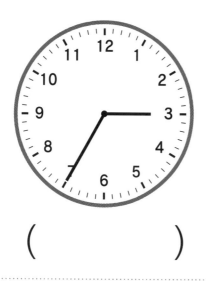

（　　　　　）

（　　　　　）

（　　　　　）

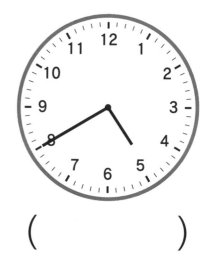

（　　　　　）

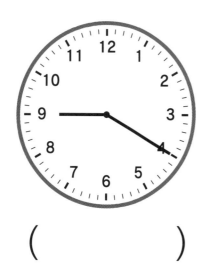

（　　　　　）

（　　　　　）

# 短針と長針の読み取り（5〜55分）

何時（短い針）何分（長い針）ですか。

（　　　　　　）

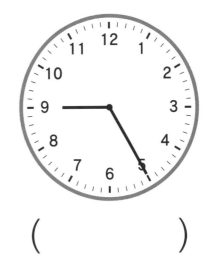

（　　　　　　）

（　　　　　　）

（　　　　　　）

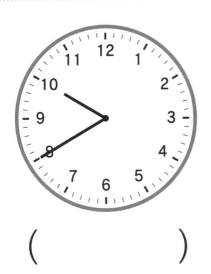

（　　　　　　）

（　　　　　　）

# 短針と長針の読み取り（5〜55分）

何時（短い針）何分（長い針）ですか。

(　　　　　　　)

(　　　　　　　)

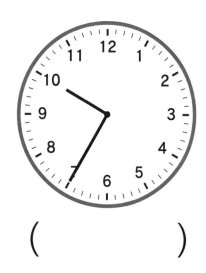

(　　　　　　　)

(　　　　　　　)

(　　　　　　　)

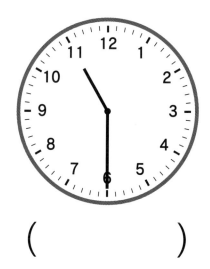

(　　　　　　　)

何時（短い針）何分（長い針）ですか。

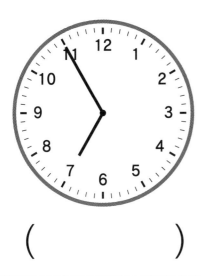

( )

( )

( )

( )

( )

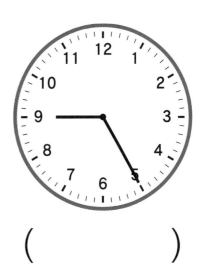

( )

> **ねらい** ここからは、1分ごとの読みを練習していきます。

### ●59・60ページのポイント

まずは1から60までの数列を練習します。問題のように、数列のあなうめや、1からではなく、途中の数字からでも数えられるように練習しましょう。

| 1 | 2 | 3 | | | | | | |
|---|---|---|---|---|---|---|---|---|
| | | | | | | | | |
| | | | | | | | | |
| | | | | | | | | |
| | | | | | | | | |
| | | | | | | | | |

### ●61・62ページのポイント

1分ごとで読み取る際に、毎回1から数えはじめていてはとても時間がかかります。右のようにまず「5、10」と針の手前の5とびの数まで読みます。つぎにその数から「11、12」と1分刻みで数える練習をします。まずは、61、62ページは5とびの数に印がついているので、それを手がかりにして、1分刻みで読んでいく練習をしましょう。

( 12分 )

### ●63〜70ページのポイント

5とびの数の手がかりがなくても、針からもっとも近い5とびの数を自分で見つけて、そこから1分刻みで読んでいく練習をしましょう。10分、15分など5とびの数で答えられるものもあるので、1分刻みのものと混同しないように取り組みます。

( 7分 )

# 数　列 (あなうめ)

1から60まで書きましょう。

| 1 | 2 | 3 |   |   |   |   |   |   |   |
|---|---|---|---|---|---|---|---|---|---|
|   |   |   |   |   |   |   |   |   |   |
|   |   |   |   |   |   |   |   |   |   |
|   |   |   |   |   |   |   |   |   |   |
|   |   |   |   |   |   |   |   |   |   |
|   |   |   |   |   |   |   |   |   |   |

ステップ❻　何分─1分ごと

□にあてはまる数を書きましょう。

1 － 2 － □ － □ － 5 － □ － □ － 8

1 － □ － 3 － □ － □ － 6 － □ － □

# 数列（あなうめ）

□にあてはまる数を書きましょう。

5 ― 6 ― □ ― □ ― □ ― 10 ― 11 ― □

10 ― □ ― 12 ― 13 ― □ ― □ ― 16 ― □ ― □

5 ― □ ― □ ― 8 ― □ ― 10 ― □ ― 12

10 ― □ ― □ ― 13 ― □ ― 15 ― □ ― □ ― 18

20 ― 21 ― □ ― □ ― 24 ― 25 ― □ ― 27

35 ― □ ― 37 ― □ ― 39 ― □ ― □ ― 42

50 ― □ ― □ ― 53 ― 54 ― □ ― □ ― 57

# 長針の読み取り（5〜15分）

何分ですか。針の手前の5とびの数から数えましょう。

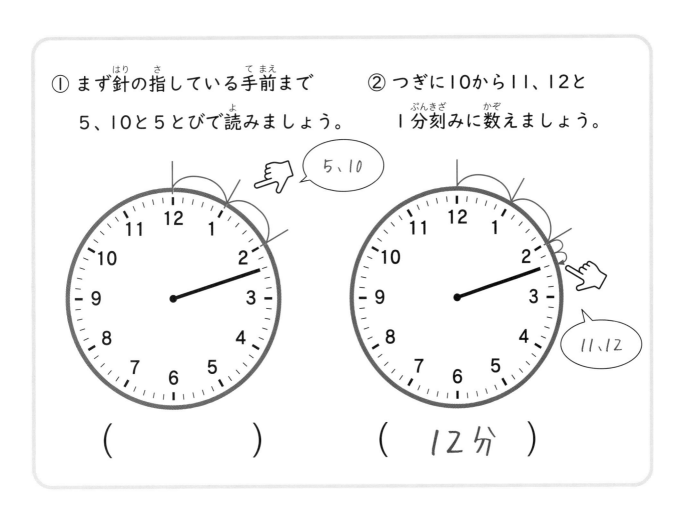

① まず針の指している手前まで
　5、10と5とびで読みましょう。

② つぎに10から11、12と
　1分刻みに数えましょう。

5、10

（　　　　　　）

11、12

（　　12分　　）

ステップ❻　何分ー1分ごと

（　　　　　　）

（　　　　　　）

# 長針の読み取り（5〜15分）

何分ですか。針の手前の5とびの数から数えましょう。

( )

( )

( )

( )

( )

( )

# 長針の読み取り（5〜15分）

何分ですか。針の手前の5とびの数から数えましょう。

(　　　　　　)

(　　　　　　)

(　　　　　　)

(　　　　　　)

(　　　　　　)

(　　　　　　)

## 長針の読み取り（5〜15分）

何分ですか。針の手前の5とびの数から数えましょう。

( )

( )

( )

( )

( )

( )

# 長針の読み取り（15〜30分）

何分ですか。針の手前の5とびの数から数えましょう。

(　　　　　)

(　　　　　)

(　　　　　)

(　　　　　)

(　　　　　)

(　　　　　)

何分ですか。針の手前の5とびの数から数えましょう。

( 　　　　　 )

( 　　　　　 )

( 　　　　　 )

( 　　　　　 )

( 　　　　　 )

( 　　　　　 )

# 長針の読み取り（30～45分）

何分ですか。針の手前の５とびの数から数えましょう。

(　　　　　　　　)

(　　　　　　　　)

(　　　　　　　　)

(　　　　　　　　)

(　　　　　　　　)

(　　　　　　　　)

# 長針の読み取り（1〜45分）

何分ですか。針の手前の5とびの数から数えましょう。

( )

( )

( )

( )

( )

( )

# 長針の読み取り（1〜59分）

何分ですか。針の手前の5とびの数から数えましょう。

( )

( )

( )

( )

( )

( )

何分ですか。針の手前の5とびの数から数えましょう。

( )

( )

( )

( )

( )

( )

> ねらい
>
> ここでは実際の時計のように、短針が数字と数字の間にあるときの読み方を練習します。

## ●72～75ページのポイント

時計の外側にある数字盤を見て、「何時」かを答えます。時計の数字と混同しないよう、注意して進めましょう。

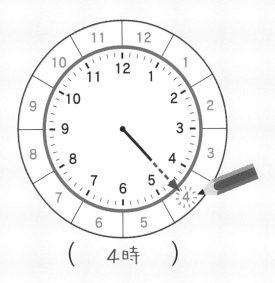

( 4時 )

## ●76～79ページのポイント

時計の外側にあった数字がなくても、「何時」かを答えられるように練習していきます。数字盤の枠だけを残しておくことで、それを手がかりに練習しましょう。

( 1時 )

## 短針の読み取り（1〜6時）

何時ですか。針をのばして外側の数を読んで書きましょう。

例

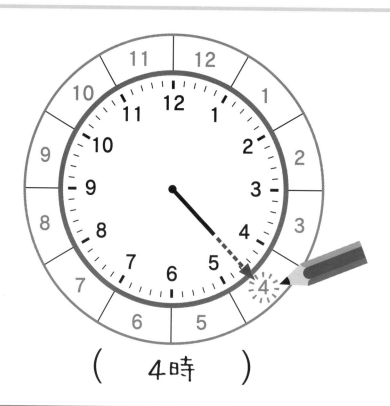

( 　4時　 )

●この方法を使わずに短針が読めるようであれば、ステップ❽（80ページから）に進みましょう。

●この方法がわかりにくい場合は、6ページの「うまくいかないときには⑥」を参照してください。

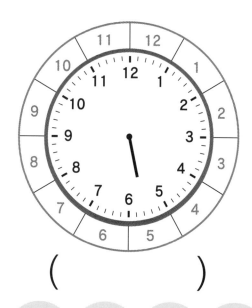

( 　　　　　 )

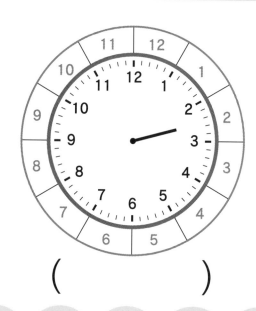

( 　　　　　 )

# 短針の読み取り（1〜6時）

何時ですか。針をのばして外側の数を読んで書きましょう。

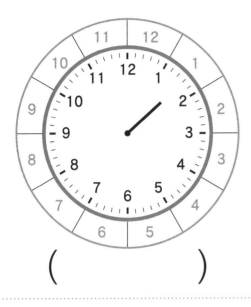

(　　　　　)

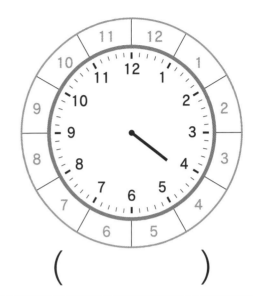

(　　　　　)

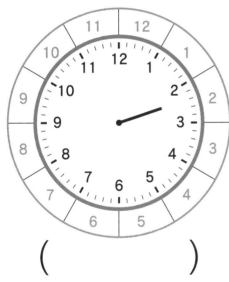

(　　　　　)

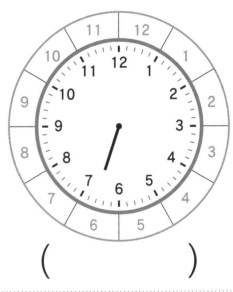

(　　　　　)

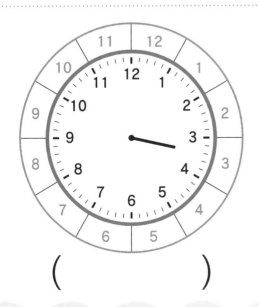

(　　　　　)

(　　　　　)

ステップ❼　何時

何時ですか。

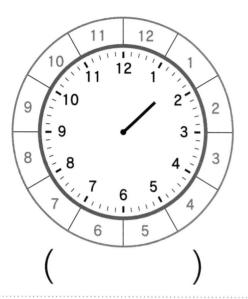

(　　　　　)

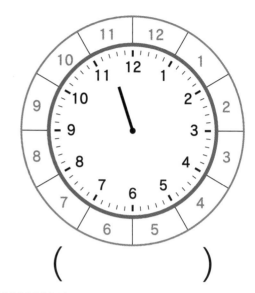

(　　　　　)

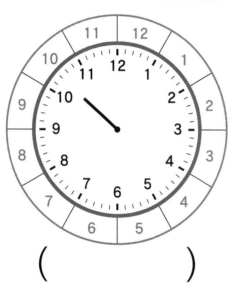

(　　　　　)

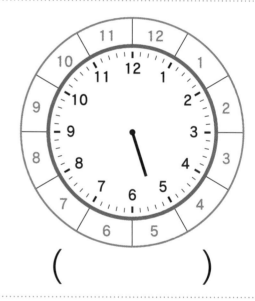

(　　　　　)

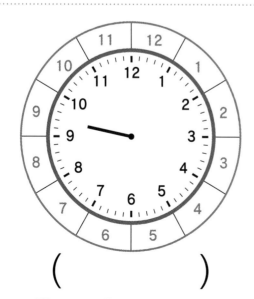

(　　　　　)

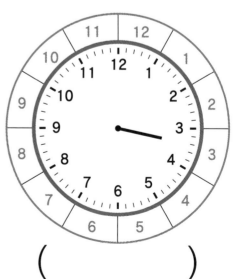

(　　　　　)

# 短針の読み取り（1〜12時）

何時ですか。

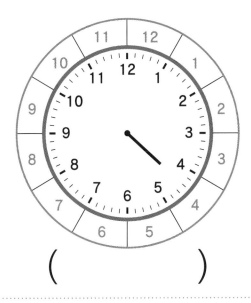

(　　　　)

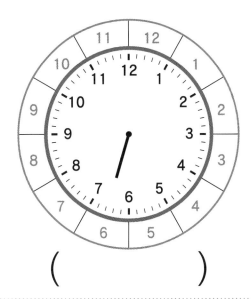

(　　　　)

(　　　　)

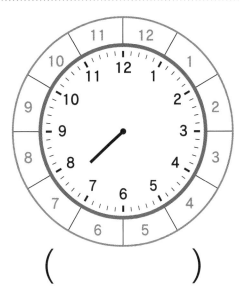

(　　　　)

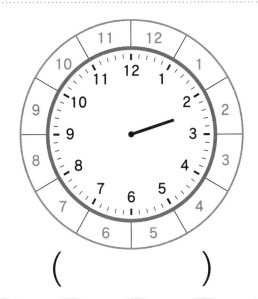

(　　　　)

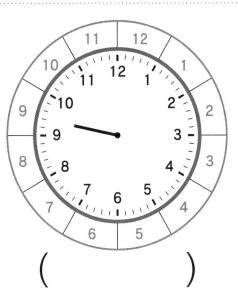

(　　　　)

何時ですか。

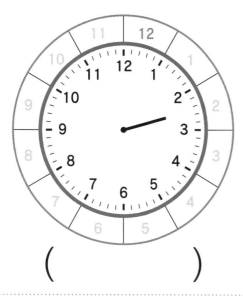

( )

( )

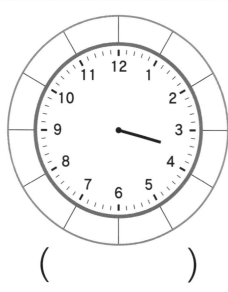

( )

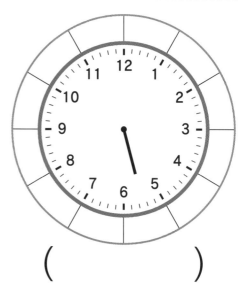

( )

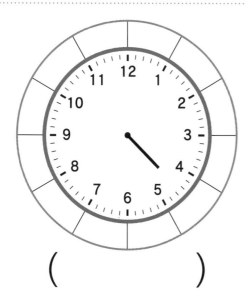

( )

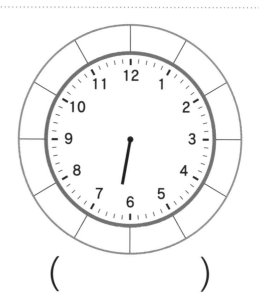

( )

# 短針の読み取り（1〜6時）

何時ですか。

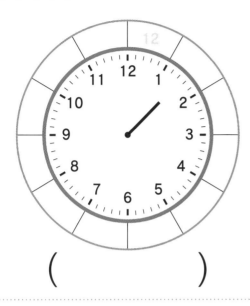

(　　　　　)

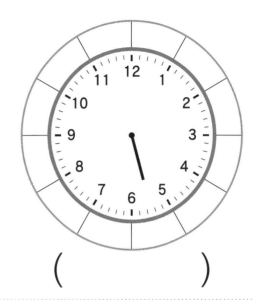

(　　　　　)

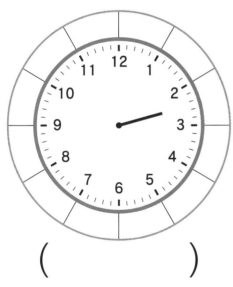

(　　　　　)

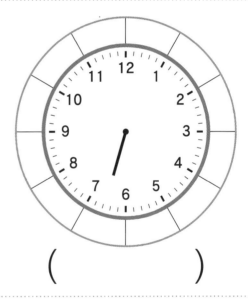

(　　　　　)

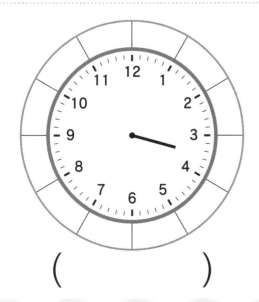

(　　　　　)

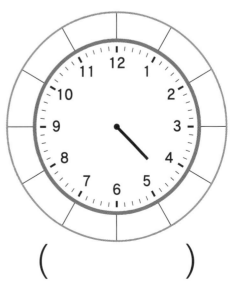

(　　　　　)

ステップ⑦　何時

何時ですか。

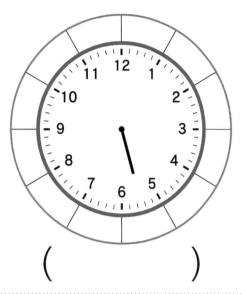

（　　　　　）

（　　　　　）

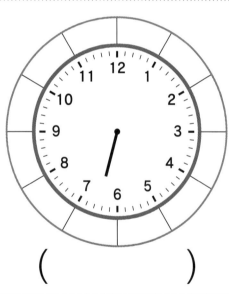

（　　　　　）

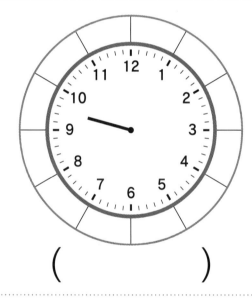

（　　　　　）

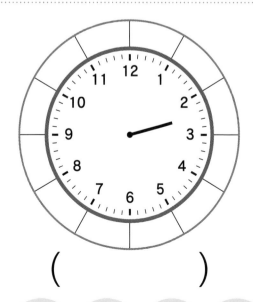

（　　　　　）

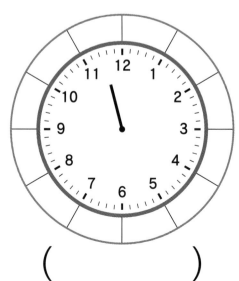

（　　　　　）

# 短針の読み取り（1〜12時）

何時ですか。

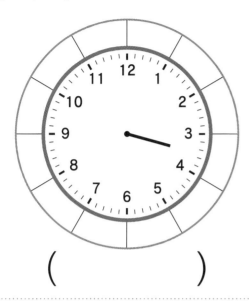

( 　　　　　 )

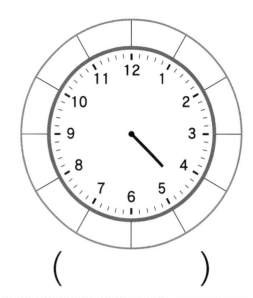

( 　　　　　 )

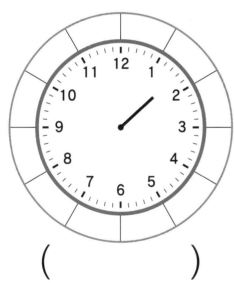

( 　　　　　 )

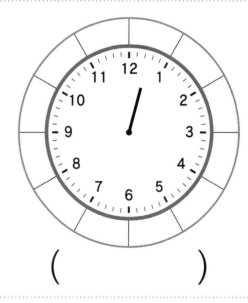

( 　　　　　 )

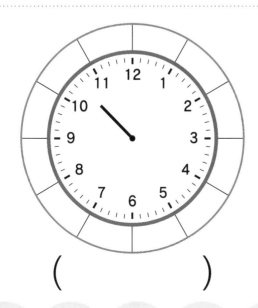

( 　　　　　 )

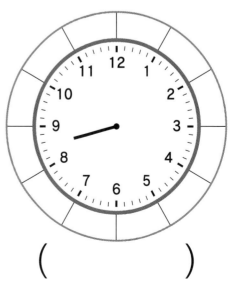

( 　　　　　 )

ステップ❼　何時

# 何時何分 ── 1分ごと

**ねらい** これまでのステップを踏まえて、「何時何分」を答える練習をしていきます。

## ●81～86ページのポイント

　時計の外側に枠をつけてありますので、子どもの理解度に応じて、はじめは数字を書き入れてから取り組み、早めに数字を書き入れなくてもできるように進めていきます。83ページからは「時」や「分」も子どもに書かせるようにしましょう。短針と長針の読み分けができないときは、5ページの「うまくいかないときには④を参照してください。

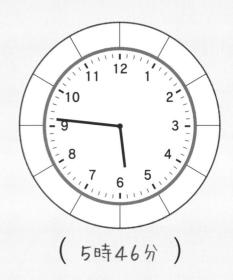

（　5時46分　）

## ●87～90ページのポイント

　ここでは時計の外側の枠をなくして、実際の時計と同じ形になっています。この状態で読めるようになったら、巻末の時計のイラストを使って、さまざまな時刻を答えられるように練習を積ませましょう。

（　1時51分　）

## ●91～94ページのポイント

　ここからは「何時（ちょうど）」の時計も出てきます。ステップ3で一度取り組んでいますが、そのあとはずっと「何時何分」と答えてきましたので、「何時」だけ書くことに違和感を抱く子どももいます。「何時」のときは「何分」を書かなくてもよいことをあらためて教えましょう。

何時何分ですか。

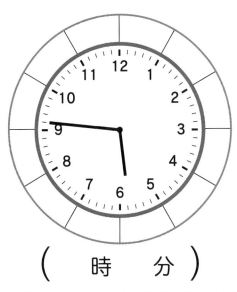

（　時　　　分　）

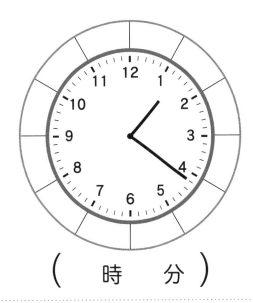

（　時　　　分　）

（　時　　　分　）

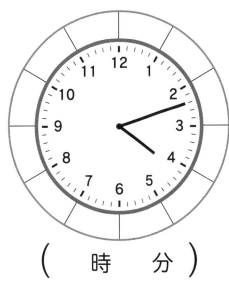

（　時　　　分　）

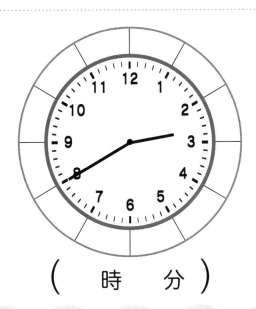

（　時　　　分　）

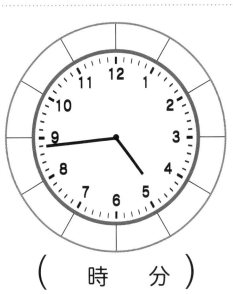

（　時　　　分　）

ステップ❽　何時何分─1分ごと

<ruby>何時何分<rt>なんじなんふん</rt></ruby>ですか。

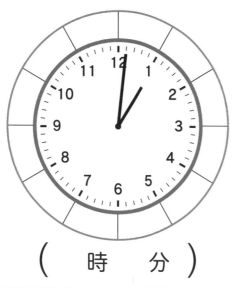

（　　時　　分　）

（　　時　　分　）

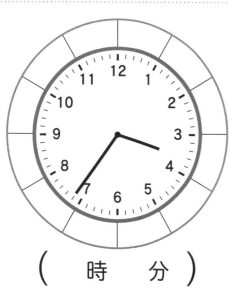

（　　時　　分　）

（　　時　　分　）

（　　時　　分　）

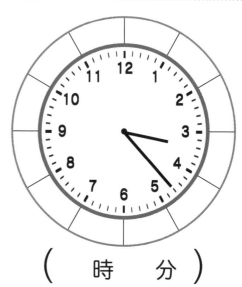

（　　時　　分　）

# 短針と長針の読み取り（6〜12時）

なんじ なんふん
何時何分ですか。

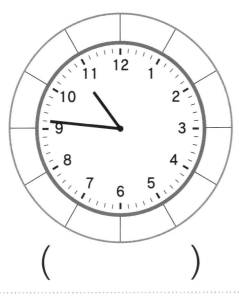

（　　　　　　　　）

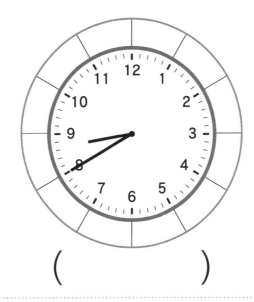

（　　　　　　　　）

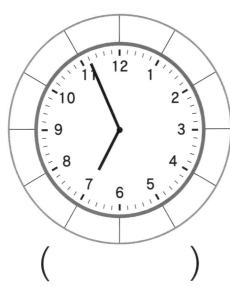

（　　　　　　　　）

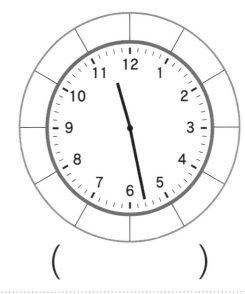

（　　　　　　　　）

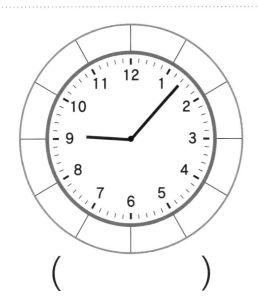

（　　　　　　　　）

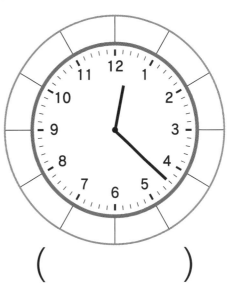

（　　　　　　　　）

何時何分ですか。

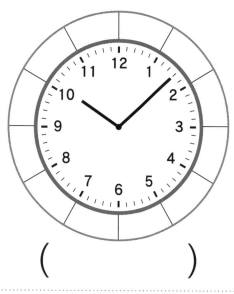

( )

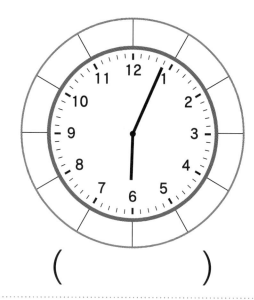

( )

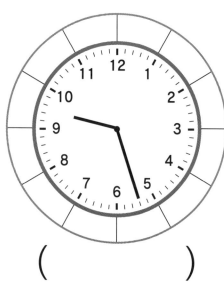

( )

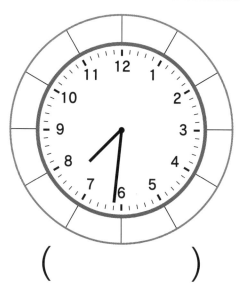

( )

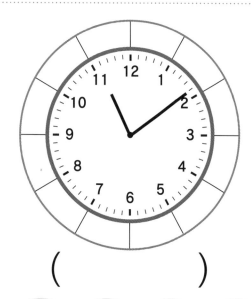

( )

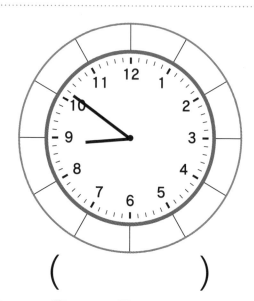

( )

# 短針と長針の読み取り（1〜12時）

何時何分ですか。

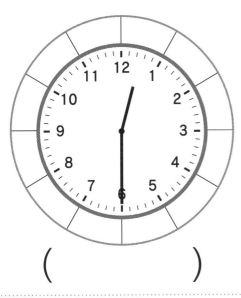

（　　　　　　　）

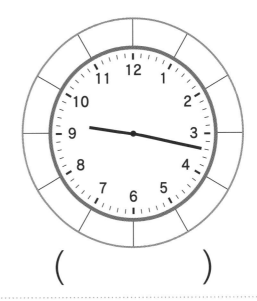

（　　　　　　　）

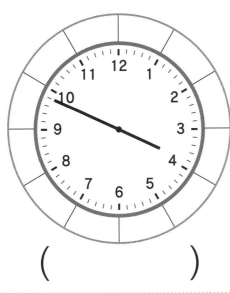

（　　　　　　　）

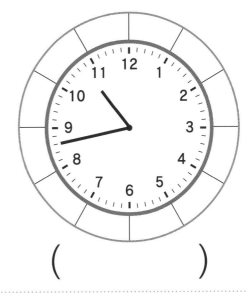

（　　　　　　　）

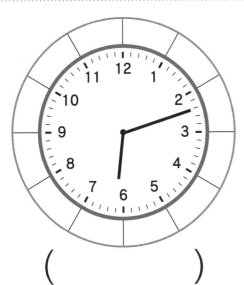

（　　　　　　　）

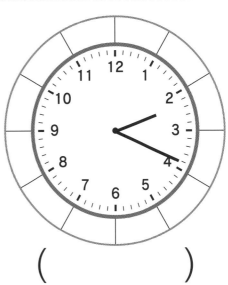

（　　　　　　　）

ステップ❽　何時何分——1分ごと

何時何分ですか。

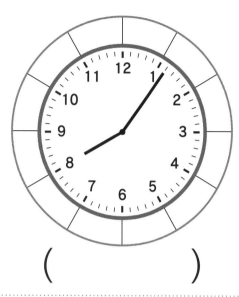

( )

( )

( )

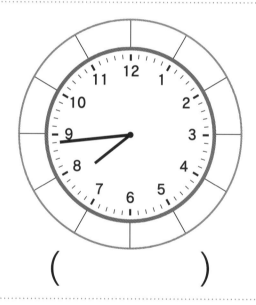

( )

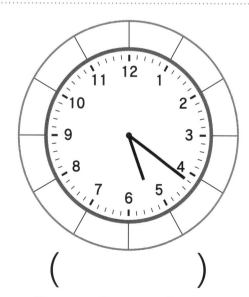

( )

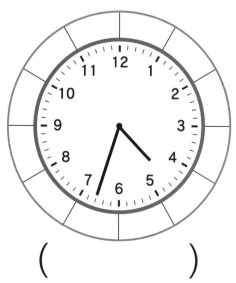

( )

何時何分ですか。

(　　　　　　　)

(　　　　　　　)

(　　　　　　　)

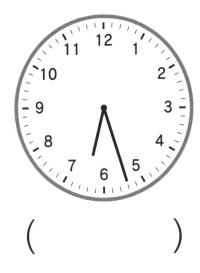

(　　　　　　　)

(　　　　　　　)

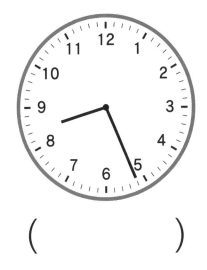

(　　　　　　　)

ステップ⑧　何時何分—1分ごと

何時何分ですか。

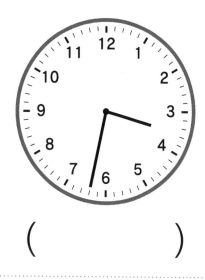

( 　　　　　 )

( 　　　　　 )

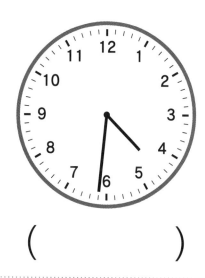

( 　　　　　 )

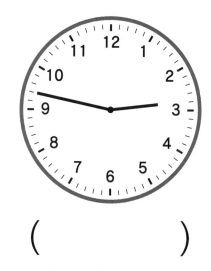

( 　　　　　 )

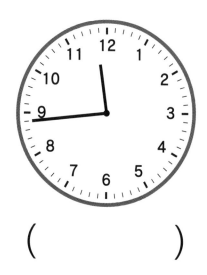

( 　　　　　 )

( 　　　　　 )

# 短針と長針の読み取り（1〜12時）

何時何分ですか。

（　　　　　　　）

（　　　　　　　）

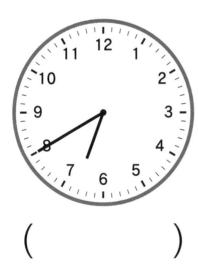

（　　　　　　　）

（　　　　　　　）

（　　　　　　　）

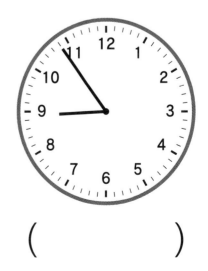

（　　　　　　　）

何時何分ですか。

(　　　　　　)

(　　　　　　)

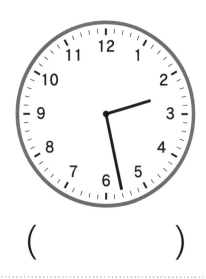

(　　　　　　)

(　　　　　　)

(　　　　　　)

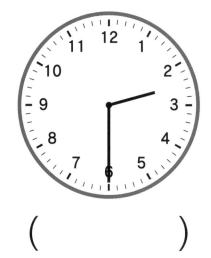

(　　　　　　)

# 短針と長針の読み取り（1～12時）

何時何分ですか。

(　　　　　　　)

(　　　　　　　)

(　　　　　　　)

(　　　　　　　)

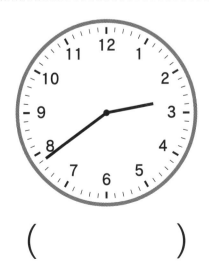

(　　　　　　　)

(　　　　　　　)

ステップ⑧　何時何分―1分ごと

# 短針と長針の読み取り（1〜12時）

何時何分ですか。

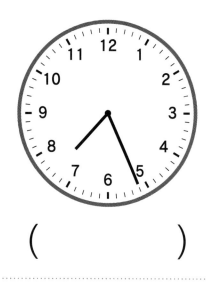

(             )

(             )

(             )

(             )

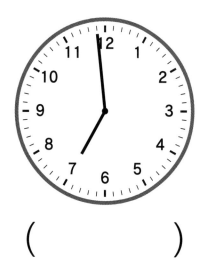

(             )

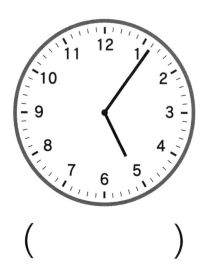

(             )

# 短針と長針の読み取り（1〜12時）

何時何分ですか。

(　　　　　　　)

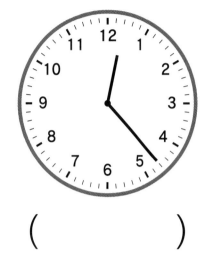

(　　　　　　　)

(　　　　　　　)

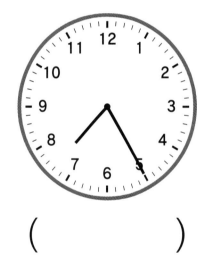

(　　　　　　　)

(　　　　　　　)

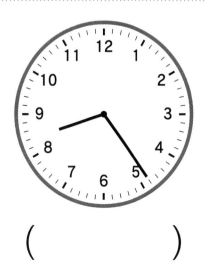

(　　　　　　　)

何時何分ですか。

( )

( )

( )

( )

( )

( )

# 応用1 ——時計に針を書きこむ

**ねらい** ここからは応用問題です。さまざまな時刻が読めるようになっていると思いますので、指定された時刻の針を自分で書きこめるように練習していきましょう。

## 96〜99ページのポイント

「何時ちょうど」の針を書きこむ練習をします。短針と長針の長さの違いまで意識して書けるとよいでしょう。99ページでは「何時ちょうど」と「何時30分」の判断をして、針を書きこむ練習をしましょう。この時点では、「何時30分」の場合でも短針は数字を指していてもよいでしょう。

（　　7時　　）

## 100〜107ページのポイント

100〜103ページでは、ちょうど5とびの数を指す長針を書きこめるように練習していきましょう。子どもの理解度に応じて、短針を実際の時計のように書けるよう練習しましょう。104ページからは1分刻みの時刻の問題です。

（　12時20分　）

# 何時ちょうど

針を書きましょう。

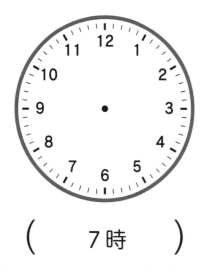

( 　　7時　　 )

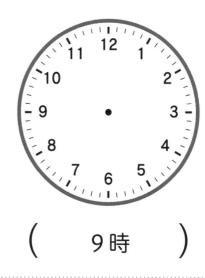

( 　　9時　　 )

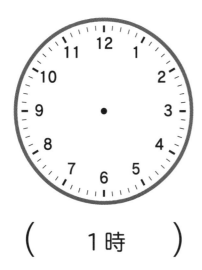

( 　　1時　　 )

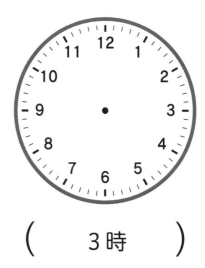

( 　　3時　　 )

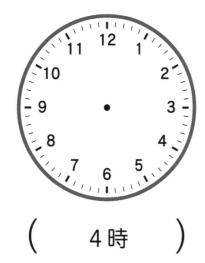

( 　　4時　　 )

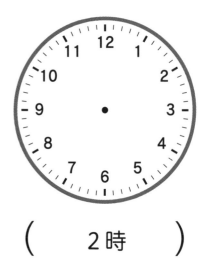

( 　　2時　　 )

# 何時ちょうど

針を書きましょう。

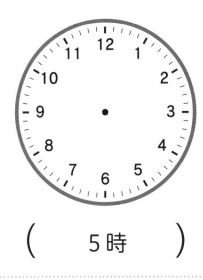

（　　5時　　）

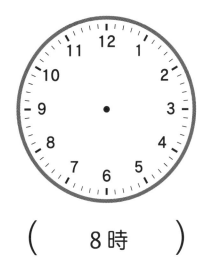

（　　8時　　）

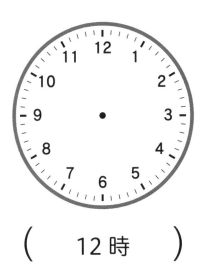

（　　12時　　）

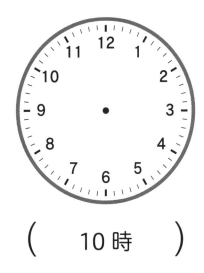

（　　10時　　）

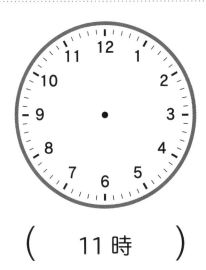

（　　11時　　）

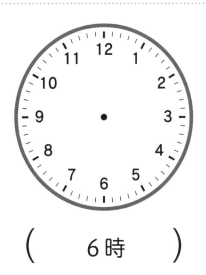

（　　6時　　）

# 何時ちょうど

針を書きましょう。

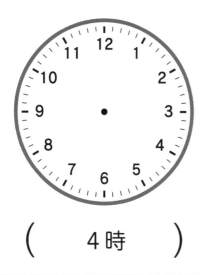

( 　　4時　　 )

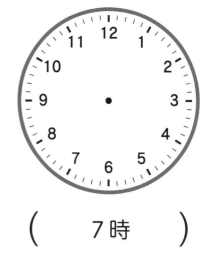

( 　　7時　　 )

( 　　10時　　 )

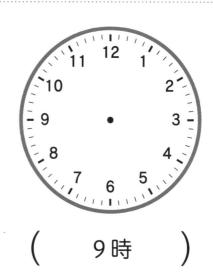

( 　　9時　　 )

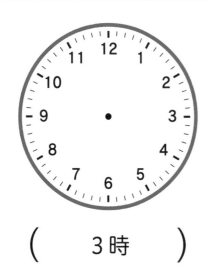

( 　　3時　　 )

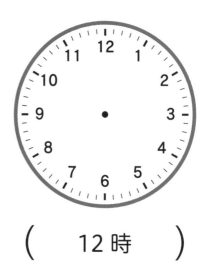

( 　12時　 )

# 何時ちょうど／何時30分

針を書きましょう。

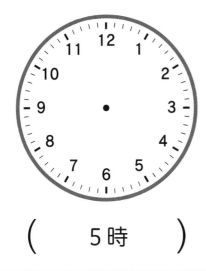

( 　5時　 )

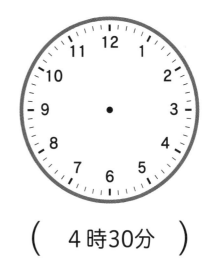

( 　4時30分　 )

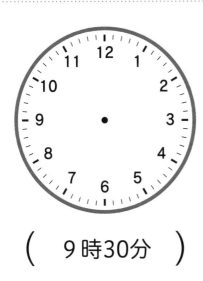

( 　9時30分　 )

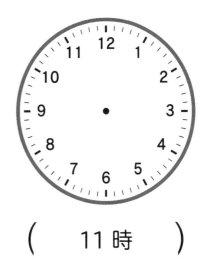

( 　11時　 )

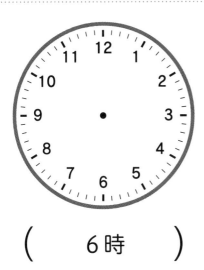

( 　6時　 )

( 　8時30分　 )

# 何時何分（5とび）

針を書きましょう。

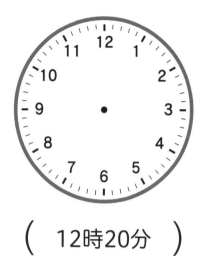

（　　12時20分　　）

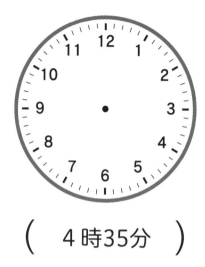

（　　4時35分　　）

（　　3時50分　　）

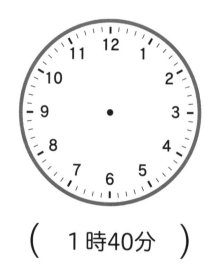

（　　1時40分　　）

（　　6時15分　　）

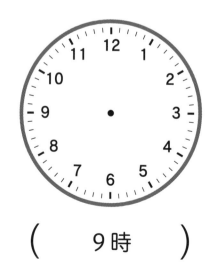

（　　9時　　）

# 何時何分（5とび）

針を書きましょう。

（　8時25分　）

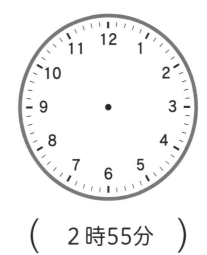

（　2時55分　）

（　4時20分　）

（　11時50分　）

（　7時40分　）

（　5時15分　）

ステップ❾　応用1―時計に針を書きこむ

# 何時何分（5とび）

針を書きましょう。

（　　2時25分　　）

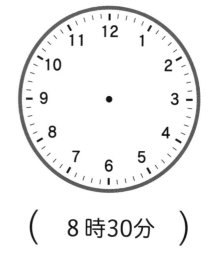

（　　8時30分　　）

（　　4時10分　　）

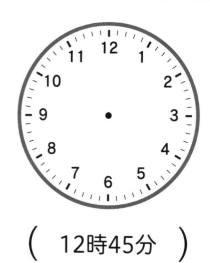

（　　12時45分　　）

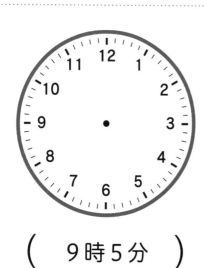

（　　9時5分　　）

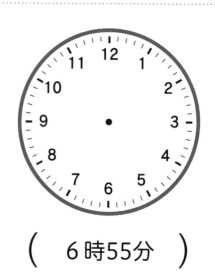

（　　6時55分　　）

# 何時何分（5とび）

針を書きましょう。

（　　3時15分　　）

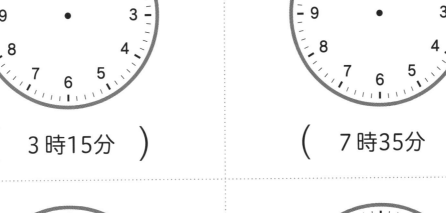

（　　7時35分　　）

（　　11時20分　　）

（　　1時10分　　）

（　　5時45分　　）

（　　10時40分　　）

# 何時何分（1分ごと）

針を書きましょう。

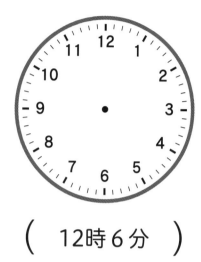

（　12時6分　）

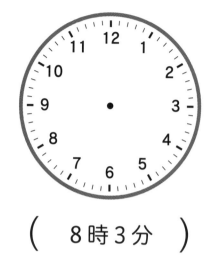

（　8時3分　）

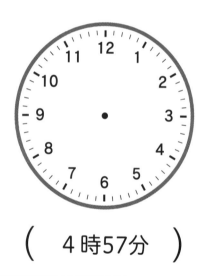

（　4時57分　）

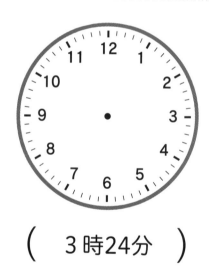

（　3時24分　）

（　7時46分　）

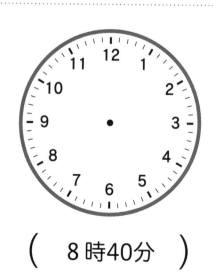

（　8時40分　）

# 何時何分（1分ごと）

針を書きましょう。

（　9時11分　）

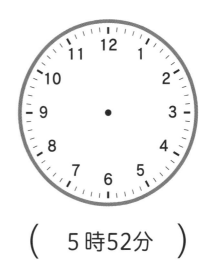

（　5時52分　）

（　1時47分　）

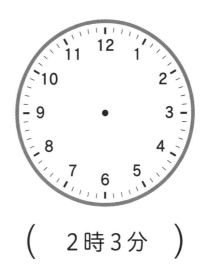

（　2時3分　）

（　4時19分　）

（　9時42分　）

# 何時何分（1分ごと）

針を書きましょう。

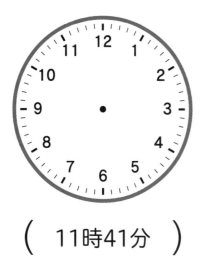

（　11時41分　）

（　5時27分　）

（　8時49分　）

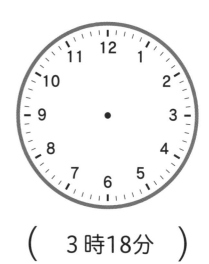

（　3時18分　）

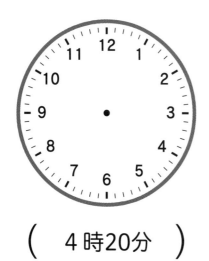

（　4時20分　）

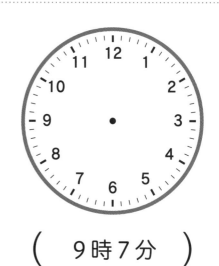

（　9時7分　）

# 何時何分（1分ごと）

針を書きましょう。

（　6時23分　）

（　10時50分　）

（　1時34分　）

（　2時9分　）

（　7時8分　）

（　12時12分　）

# ステップ 10 応用2 ── さまざまな時計を読む

**ねらい**　ここまでの学習で、ワークシートの時計のイラストの時刻を読めるようになりましたが、日常生活で目にするいろいろな時計を読めるようにするためには、もう少し練習が必要です。ここではその一つの例として、デジタル時計の読み方を取り上げます。デジタル数字は通常目にする数字と書体が異なるため、読みにくい場合があります。

## ●109〜112ページのポイント

　一般的な書体の数字とデジタル数字を一致させるための学習です。声に出して読ませたり、言われた数のデジタル数字を指さしさせたりして、デジタル数字に慣れさせましょう。

（　11時51分　）

## ●113・114ページのポイント

　デジタル時計を含むいろいろな時計の時刻を読み取る学習です。ここで紹介しているのはよくある時計の一部なので、家庭にある時計を使って時刻を読み取る練習をしていきましょう。

（　7時30分　）

## デジタル数字

1 2 3 4 5 6 7 8 9 10

① 上の数字を読んでみましょう。

② 指さしされた数字だけを読んでみましょう。

③ 言われた数字を指さししましょう。

同じものを線で結びましょう。

| | | |
|---|---|---|
| 1 · | | · 6 |
| 2 · | | · 8 |
| 3 · | | · 10 |
| 4 · | | · 5 |
| 5 · | | · 1 |
| 6 · | | · 4 |
| 7 · | | · 2 |
| 8 · | | · 9 |
| 9 · | | · 7 |
| 10 · | | · 3 |

# デジタル数字

同じものを線で結びましょう。

| | | |
|---|---|---|
| **8:15** | ・ | ・ 9時4分 |
| **7:30** | ・ | ・12時40分 |
| **12:40** | ・ | ・ 8時15分 |
| **9:04** | ・ | ・ 1時3分 |
| **1:03** | ・ | ・ 7時30分 |

## デジタル数字

何時何分ですか。

(           )

(           )

(           )

(           )

(           )

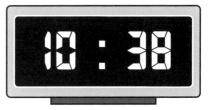

(           )

# デジタル数字

何時何分ですか。

2:08

(         )

11:50

(         )

6:14

(         )

4:09

(         )

12:35

(         )

8:47

(         )

# さまざまな時計

何時何分ですか。

(　　　　　　)

(　　　　　　)

(　　　　　　)

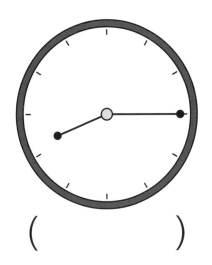

(　　　　　　)

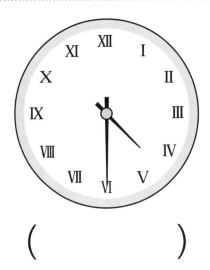

(　　　　　　)

(　　　　　　)

ステップ⑩ 応用2―さまざまな時計を読む

## さまざまな時計

何時何分ですか。

(            )

(            )

(            )

(            )

(            )

(            )

> **ねらい** ここまで学習してきたことを、違った出題のされ方でも答えられるかどうか試してみましょう。苦手な問題があったら、122〜125ページの「れんしゅう用シート」を使って問題を作り、練習していきましょう。

　プリント学習では、同じ形式の問題を並べると、答え方のパターンを覚え正解しやすくなりますが、少し違う出題のし方をされるとと わからなくなってしまう、ということがおきます。

　ここまで学んできたことをきちんと身につけるために、さまざまな形式の問題が並んでいても解けるように練習しましょう。

　このワークシートでできたものは口頭でもできる、黒板でもできる、お母さんや先生が書いたイラストでもできる、というように「いつでも／どこでも／だれとでも」できるように練習しましょう。

**１** □に５とびの数を書きましょう。

5 - 10 - □ - □ - 25 - 30 - 35 - □ - □ - 50 - □ - □

**２** 時計を読みましょう。

(　　　　　)

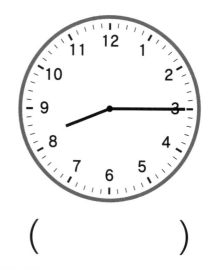

(　　　　　)

(　　　　　)

(　　　　　)

**3** 時計の針を書きこみましょう。

| 5時30分 | 6時18分 |
|---|---|
| 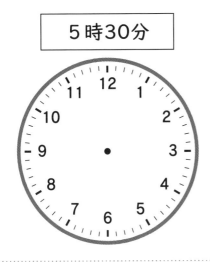 | 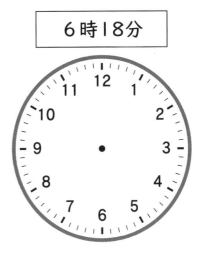 |
| 3時 | 10時55分 |
| 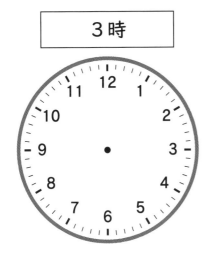 | 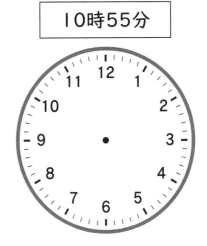 |

**4** デジタル時計を読んで、「何時何分」に直しましょう。

5:30 → (          )          8:15 → (          )

9:59 → (          )          12:47 → (          )

## ■総合問題2

■ 5時半とは「5時30分のこと」です。同じように、（　）をうめましょう。

4時半は、（　　　　　　　　　　　）です。

12時半は、（　　　　　　　　　　）です。

2 3時半の時計はどれですか。（　　）に○を書きましょう。

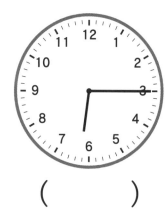　　

（　　　　　）　　（　　　　　）　　（　　　　　）

3 10時半の時計はどれですか。2つえらんで、記号をこたえましょう。

ア

イ
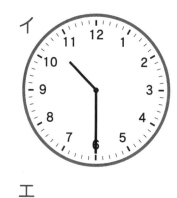

ウ　　　　　　　　エ

こたえ

（　　　　）（　　　　）

**4** 合っているものを線でつなぎましょう。

| 8時30分 | 6時40分 | 8時40分 |
|---------|---------|---------|

**5** 合っているものを線でつなぎましょう。

## ■総合問題3

**1** つぎの時刻をあらわすように、長い針を書きこみましょう。

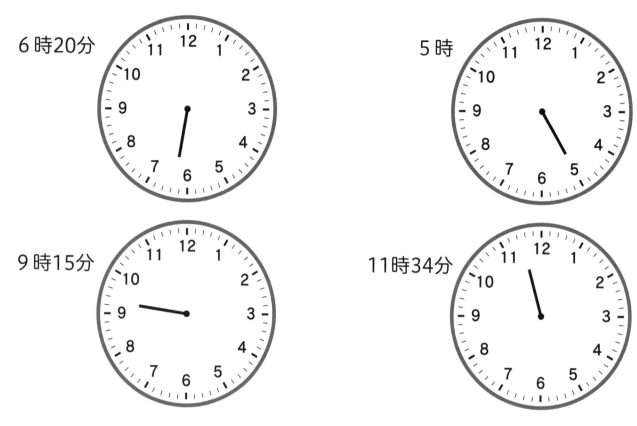

6時20分

5時

9時15分

11時34分

**2** つぎの時刻をあらわすように、短い針を書きこみましょう。

8時5分

2時30分

7時

12時45分

**3** 3つの時計を見て、問題にこたえましょう。

ア　　　　　　　　　　　イ　　　　　　　　　　　ウ

• イの時計は、何時何分ですか。　　（　　　　　　　　　　）

• 11時25分の時計は、どれですか。　（　　　　　　　　）

• アの時計の短い針は、（　　　　）時を示しています。

• イの時計の長い針は、（　　　　）分を示しています。

• 長い針が時計の11を指しているのは（　　　　）の時計です。

**4** 正しいほうを選んで、○をつけましょう。

• 2時50分のとき、長い針は時計の（　5・10　）を指しています。

• 4時半のとき、長い針は時計の（　6・4　）を指しています。

• 5時のとき、短い針は時計の（　12・5　）を指しています。

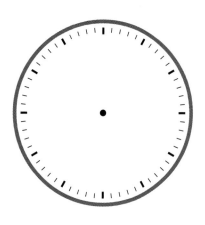
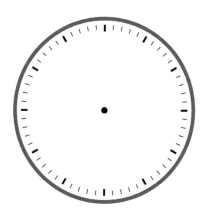
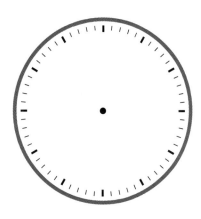

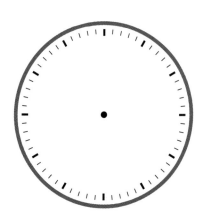
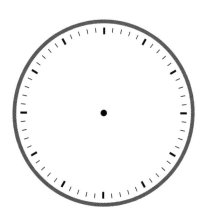

 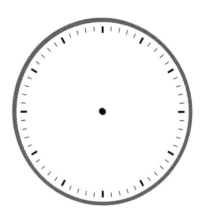

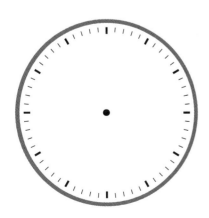 

# コロロの療育方針と相談先

## 1．頭を使う──前頭前野を働かせる

　脳の大脳新皮質の「前頭前野」が働いているときは、周りに合わせて落ち着いて過ごし、よく考えて目的行動をとることができることがわかっています。しかし、脳がうまく働かないと、大脳辺縁系や脳幹で起こる反射的な行動が多くなります（右図参照）。

　脳のどの部分が働いているのかを分析し、前頭前野が働いている（＝意識レベルが高い）状態を保つことができるように、教材や対応を開発・実践しています。

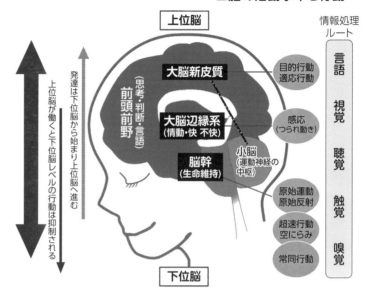

■脳の活動水準と行動

## 2．社会適応力を高める

　療育の三本柱「概念学習」「行動トレーニング・歩行」「適応力を育てるトレーニング」をバランスよく実践することで、子どもたちの社会適応力を高めます。

### 社会適応力

#### 概念学習

「ことば」や「かず」の学習を通して、見る・聞く・読む・書く・話す・考える力を育てます。個別にきめ細かいプログラムを作成し、スモールステップを踏みながら学習を進めます。コロロの療育の中で生まれた「発語プログラム」に沿って学習指導が行われます。

#### 行動トレーニング・歩行

持続力・集中力を高めるための基礎トレーニングです。一定の姿勢を保つ「静止の持続」と、簡単な運動を続ける「運動の持続」の両方についてプログラムを作成し実践しています。
歩行トレーニングでは、手をつないで一定のペースで歩き続けます。歩くことにより持続力が高まり、行動が落ち着きます。

#### 適応力を育てるトレーニング

こだわりやマイペースな行動を他者から妨害されても、パニックにならずに応じられるようにするトレーニングです。
いちばん強いこだわりではなく、小さなこだわりから意図的・計画的に介入し、適応力を高めていきます。

## 3．療育の主体者は親

　「療育の主体者は親である」という理念のもとに在宅支援プログラムを作成し、家庭療育の態勢を整えることをめざします。

　年齢とともに、子どもを取り巻く環境は移り変わっていきます。親が療育の主体者となり、家庭療育の基盤ができていることが、将来の社会適応を進める上でとても必要です。コロロでは三本柱のプログラムを中心に、ご家庭での療育方法を提案し、問題行動の対応などについてもアドバイスします。また、保護者向けのMT（mother teacher）講座や講演会を定期的に開催し、療育理論や実践方法についてお伝えしています。

## コロロメソッドで療育をはじめてみませんか?

集団指導で適応力が育つ

### 幼児教室 2歳〜6歳

一日を通したプログラムで、からだ・ことば・こころを育てる療育幼稚園です。

### 学童教室 (小学生〜)

放課後2時間のプログラムの中で、個に応じた学習指導や行動面のトレーニングを行います。

### フリースクール (小学生〜)

集団活動の中で社会生活のスキルを身につけます。

### 放課後等デイサービス (小学生〜)

受給者証で利用できる福祉サービスです。集団での作業や歩行、行動トレーニングを通じて適応力を高めます。

---

### ①まず、お子様と発達相談にお越しください(初回無料)

- ●お近くの教室にお電話かメールでご連絡➡発達相談日のご予約
- ●育児の悩みなどのご相談➡ことばの指導法、問題行動への対応法などをアドバイス
- ●コロロの療育について具体的にご説明

### ②入会申込書をご提出ください ➡ ③通室スタート!

---

●発達相談のお申込み先

| 杉並教室 | TEL 03-3399-0510 | 〒167-0042 東京都杉並区西荻北3-33-9 | 幼児 フリースクール 学童 放デイ |
|---|---|---|---|
| 横浜教室 | お問い合わせは杉並教室へ | 〒225-0013 神奈川県横浜市青葉区荏田町232-7 アゼリア205 | 学童 フリースクール |
| 名古屋教室 | TEL 052-626-8372 | 〒458-0847 愛知県名古屋市緑区浦里5-329 1階 | 学童 |
| 神戸教室 | TEL 078-856-8585 | 〒658-0052 兵庫県神戸市東灘区住吉東町4-2-12-101 | 学童 フリースクール |
| 松山教室 | TEL 089-961-1184 | 〒790-0952 愛媛県松山市朝生田町1-10-3 | 児発 放デイ 生活介護 |
| 熊本教室 | TEL 096-206-9670 | 〒862-0903 熊本県熊本市東区若葉3-15-16 1階 | 放デイ 生活介護 |
| 社会福祉法人コロロ学舎の放課後等デイサービス事業所 羽音(はおん) ※五乃神学園内 | TEL 042-847-3455 | 〒205-0011 東京都羽村市五ノ神345番地 | |
| ET教室 | TEL 042-324-8355 | 〒185-0002 東京都国分寺市東戸倉2-10-34 | |
| コロロメソッドを実践する療育機関 コロロメソッド発達療育支援センター | TEL 098-887-1503 | 〒902-0061 沖縄県那覇市古島2-4-11 | |

編者紹介
● コロロ発達療育センター

　1983年創立。自閉症、自閉的傾向、広汎性発達障がいなどの診断を受けた子どもや、集団に適応できないなどの問題を抱える子どものための指導方法を研究・実践する療育機関。現在1000名以上の子どもが療育を受けています。

　コミュニケーションがとりづらい、問題行動やこだわり・パニックが頻発して家庭療育がままならないなど、さまざまな問題に対し、独自の療育システム（コロロメソッド）による具体的な対応法・療育方法を提示し、家庭療育プログラムを組みます。幼稚園や学校に通いながら、ほかの療法とも併せてプログラムを実践することができます。

ホームページ：https://www.kololo.jp/

〈監　　修〉久保田小枝子（社会福祉法人コロロ学舎　業務執行理事）

〈執筆者〉羽生裕子（社会福祉法人コロロ学舎　児童支援部　部長）
　　　　　神村真希（社会福祉法人コロロ学舎　児童支援部　主任）
　　　　　伊東佳子（コロロ発達療育センター　通所指導部　指導員）

表紙デザイン──後藤葉子（森デザイン室）
表紙イラスト──早川容子
本文デザイン&組版──大村晶子（合同出版制作室）
本文イラスト──Shima.

---

コロロメソッドで学ぶ
# とけいがよめるワークシート
スモールステップでじこくをマスター

---

2020年8月25日　第1刷発行

編　　　者　コロロ発達療育センター
発　行　者　坂上美樹
発　行　所　合同出版株式会社
　　　　　　東京都千代田区神田神保町1-44
　　　　　　郵便番号　101-0051
　　　　　　電話　03（3294）3506 ／ FAX　03（3294）3509
　　　　　　振替　00180-9-65422
　　　　　　ホームページ　http://www.godo-shuppan.co.jp/
印刷・製本　株式会社シナノ